HYPNOSE LERNEN

Grundwissen um Hypnose zu lernen

Jürgen Wude

Impressum

Jürgen Wude, Bahnhofstr. 88/3, 5760 Saalfelden
E-Mail: email@wegweiser-pinzgau.at
Webseiten: wegweiser-pinzgau.at
Copyright © 2021 Jürgen Wude
Alle Rechte vorbehalten
3. überarbeitete Auflage

Inhaltsverzeichnis

Was ist Hypnose?

Das Wort Hypnose leitet sich vom Wort „Hypnos" ab, dem griechischen Wort für Schlaf. Lange Zeit ging man davon aus, dass der hypnotische Zustand jenem des Schlafes ähnelt. Die moderne Hirnforschung hat allerdings gezeigt, dass Menschen unter Hypnose wach und aufnahmefähig sind.

Zustand bei der Hypnose

Während des hypnotischen Trancezustands erreicht der Patient, auch Hypnotisand genannt, eine völlige Entspannung, in der er seine gesamte Aufmerksamkeit einer einzigen Sache widmen kann. Außenreize sind währenddessen unwichtig. Der Zustand der Hypnose lässt sich mit der Verfassung kurz vor dem Einschlafen oder nach dem Aufwachen vergleichen. Er fühlt sich wie eine angenehme, tiefe Gelassenheit an. Die hypnotische Trance führt zu einer Beruhigung der inneren Rhythmen. Die Atmung wird regelmäßiger und entspannter und die Herz-Kreislauf-Aktivität ausgeglichen. Die Muskelspannung des Körpers wird geringer und die Blutgefäße erweitern sich. Außerdem verändert sich das Blutbild und es kommt zu einer Senkung des Stresshormonspiegels. Bei einer tiefen Trance sind einige Gehirnareale aktiv, die im Alltagsleben nicht aktiv sind, andere wiederum zeigen eine geringere Aktivität auf. Die Regionen, die für die Wahrnehmung zuständig sind, sind während der Hypnose ausgeschaltet, wohingegen die

"

Areale, die für Gefühle und die Phantasie zuständig sind, besonders aktiv sind. Unter Hypnose gelangen außerdem Schmerzreize ins Gehirn, welche dort jedoch anders verarbeitet werden, sodass sie nicht ins Bewusstsein dringen.

Auf persönlicher Ebene erlebt ein Mensch während der Trance verschiedene Phänomene. Dabei werden sämtliche mentale Ressourcen gebündelt und auf ein Objekt der Wahrnehmung ausgerichtet. Viele Menschen erleben während der Hypnose ein verzerrtes Zeitgefühl und haben oft den Eindruck, dass die Zeit während der Trance kürzer war als jene, die in Wirklichkeit verstrichen ist.

Ablauf der Hypnose

Für einen erfolgversprechenden Ablauf der Hypnose ist Vertrauen die Grundvoraussetzung. Der Hypnotiseur und der Hypnotisand müssen sich kennenlernen, darüber hinaus muss der Patient wissen, was auf ihn zukommt. Hierfür sind ausführliche Vor- und Nachgespräche von großer Bedeutung, bei denen auch die Ziele der Hypnose herausgearbeitet werden.

Die Durchführung einer Hypnose ist grundsätzlich sowohl im Liegen als auch im Stehen möglich, zudem besteht die Möglichkeit einer Einzel- oder Gruppenhypnose. Dabei sind eine störungsfreie, entspannte Atmosphäre und eine ruhige, monotone Sprache des Hypnotiseurs wichtig.

Die Hypnose besteht aus einer Einleitung, einem Hauptteil und einer Ausleitung. Während der Einleitung, auch Induktion genannt, wird der Patient in einen hypnotischen Zustand versetzt. Dadurch soll der Hypnotisand eine körperliche und geistige Entspannung erreichen. Um diese Gelassenheit hervorzurufen und zu erhalten, nutzt der Hypnotiseur verschiedene Methoden. Alle Methoden haben dabei gemeinsam, dass sie das Bewusstsein mit Tätigkeiten beschäftigen, die unsere Aufmerksamkeit nicht sehr fordern, sodass dessen Kritik gezielt umgangen und schrittweise ausgeschaltet wird. So verliert das Bewusstsein seine beherrschende Stellung und das Unbewusste wird direkt ansprechbar. Das Unterbewusstsein ist in diesem Zustand äußerst aufnahmefähig und nimmt Suggestionen (Vorschläge) sehr gut an.

Sobald der hypnotische Zustand erreicht ist, erfolgt der Hauptteil. Hierbei spricht der Therapeut das Unterbewusstsein des Patienten an, in dem alle Erinnerungen und Emotionen gespeichert sind. Der Hypnotiseur kann mit dem Hypnotisanden kommunizieren, obwohl sich dieser in Trance befindet. Der Therapeut wendet Suggestionen an, die genau auf die Probleme und Situationen des Patienten zugeschnitten sind. So werden Gedanken und Emotionen erzeugt, die alte Denkmuster und Verhaltensweisen des Patienten korrigieren können. Außerdem kann der Hypnotiseur durch die Anwendung verschiedener Techniken die direkte Ursache eines Problems herausfiltern und somit dem Patienten helfen, diese zu bewältigen.

Auf den Hauptteil folgt die Ausleitung, wobei der Patient aus dem Trancezustand zurück in den

Bewusstseinszustand geholt wird. Dabei muss dem Hypnotisanden genügend Zeit gelassen werden, um aus dem Trancezustand zu gelangen. Das kann beispielsweise durch eine Formulierung ermöglicht werden, bei welcher der Patient die Trance im eigenen Tempo beenden kann oder es wird von 10 rückwärts gezählt bis der Hypnotisand bei der Zahl 1 wieder vollständig aus der Trance erwacht. Wichtig ist, dass vor Beenden der Trance alle Suggestionen, wie zum Beispiel Gefühle der Leichtigkeit oder Schwere, wieder aufgehoben werden. Die meisten Menschen fühlen sich nach der Hypnose entspannt und ausgeruht.

Während der Hypnose können unterschiedliche Trancetiefen erreicht werden. Bei der leichten Trance, auch Somnolenz genannt, unterscheidet sich die Aktivität des Bewusstseins kaum vom Wachzustand. In diesem Zustand werden nur einfache und logische Suggestionen angenommen, zudem beginnt sich die Muskulatur zu entspannen.

In der mittleren Trance, der Hypotaxie, vertieft sich die Entspannung und das Wachbewusstsein ist kaum noch aktiv. Der Körper wird teilweise empfindungslos. Es werden alle Suggestionen angenommen, die nicht der Persönlichkeit und den Werten des Hypnotisanden widersprechen.

Während der tiefen Trance, der Somnambulenz, stellt sich eine vollkommene Entspannung ein und das Wachbewusstsein ist nicht mehr kritikfähig. In diesem Zustand werden auch unlogische Suggestionen angenommen. Der Hypnotiseur kann die Trance nach Belieben vertiefen.

Die Ziele der Hypnose können sehr vielfältig sein. Hypnose kann bei der Persönlichkeitsentwicklung, bei Coachings sowie im therapeutischen Bereich angewendet werden.

Im Bereich der Coachings können mögliche Ziele zum Beispiel die Stressbewältigung, die Zielfindung, der Umgang mit Krisen und das Erlernen von Entspannungsverfahren sein. Hypnose kann auch zur Aktivierung des Abwehrsystems und zur Initiierung von Heilungsprozessen dienlich sein. Eine Steigerung der Fantasie und Kreativität durch Hypnose ist ebenfalls möglich.

Ein weiteres potentielles Ziel der Hypnose ist die Angstbewältigung. Zudem kann die Hypnose für Menschen mit Essstörungen, Verhaltensauffälligkeiten, Süchten und Abhängigkeiten ebenfalls hilfreich sein.

Bei körperlichen Beschwerden und Schmerzen kann die Hypnose, zusätzlich zur ärztlichen Behandlung, unterstützend eingesetzt werden, um sich besser zu entspannen und die Lebensqualität zu steigern.

Autohypnose und Heterohypnose

Die Hypnose kann in Autohypnose (Selbsthypnose) und Heterohypnose (Fremdhypnose) unterteilt werden. Die Autohypnose wendet ein Mensch bei sich selbst an, wodurch Hypnotisand und Hypnotiseur ein und dieselbe Person sind. Selbsthypnose ist eine Selbsthilfetechnik, die die Wirksamkeit anderer Hypnosetherapien unterstützen kann. Diese Form der Hypnose kann dabei helfen, Erlerntes zu vertiefen und einen Zustand von absoluter Konzentration und Fokussierung zu schaffen. Die Autohypnose soll vor allem dabei helfen, neue Verhaltensmuster zu entwickeln und ein positiveres Denken hervorzurufen. Es gibt viele verschiedene Anwendungsmöglichkeiten der Selbsthypnose, besonders häufig wird sie zum Beispiel als Hilfe zum Abnehmen oder zur Raucherentwöhnung genutzt.

Durch die Selbsthypnose kann der Anwender mit Hilfe bestimmter Techniken eine Trance bei sich selbst hervorrufen, die sich in einem entspannten Zustand äußert. Dies erfordert allerdings viel Übung und Training. Während der Autohypnose nimmt die Person eine entspannte Position in einem ruhigen Raum ein und sorgt für Ungestörtheit. Um die nötige Entspannung zu erreichen, wird die Konzentration auf eine bestimmte

Sache wie zum Beispiel die Atmung gelenkt. Sobald der Zustand erwirkt wurde, kann mit der gewünschten Zielsuggestion gearbeitet werden. Dies kann beispielsweise durch die Vorstellung des erhofften Zustands oder die Wiederholung positiver, zum Ziel führender Sätze geschehen. Somit werden die gewünschten Gedanken tief im Unterbewusstsein verankert. Nach dieser Vertiefung begibt man sich langsam wieder in den Bewusstseinszustand zurück.

Es gibt verschiedene Techniken in der Selbsthypnose, wobei Elemente wie die Entspannung, Trance und Rückkehr immer gleich bleiben. So gibt es beispielsweise die „Best-Me" Methode, bei der jeder Buchstabe einem Schritt während der Suggestion entspricht:

B – Belief system (Glaubenssystem)

E – Emoticons (Emotionen)

S – Sensations and physical experiences (Eindrücke und körperliche Erfahrungen)

T – Thoughts and images (Gedanken und Bilder)

M – Motives (Motive)

E – Expectations (Erwartungen)

Das Glaubenssystem bezeichnet hierbei einen schönen Ort, den man sich in Gedanken ausmalt und an den man sich innerlich begibt. Dieser Ort sollte zum Entspannen und Wohlfühlen einladen, wird im Inneren intensiv ausgemalt und soll Ruhe und Gelassenheit ausstrahlen. Sobald man während der Selbsthypnose an diesem Ort versunken ist, erfährt auch das Unterbewusstsein ein Gefühl von Frieden und Entspannung.

Eine weitere Technik ist das Ausmalen eines erreichten Ziels. Hierbei begibt man sich ebenfalls in eine Trance und spürt möglichst intensiv, wie es sich anfühlt, das gewünschte Ziel bereits erreicht zu haben. Dabei sind Details und starke Emotionen besonders hilfreich.

Mit der Methode „Zurück zum Ursprung" begibt man sich während der Trance gedanklich in einen positiven Zustand, in dem man das Gewünschte bereits einmal hatte. So kann man sich, wenn man beispielsweise abnehmen möchte, in eine Zeit zurückversetzen, in der man schlank war.

Im Gegensatz zur Autohypnose gibt es bei der Heterohypnose einen Hypnotiseur und einen Hypnotisanden. Die Fremdhypnose gilt als die effektivste und intensivste Art der Hypnose. Für den Hypnotisanden ist es hierbei leichter, sich in eine Trance zu begeben, da er vom Hypnotiseur begleitet wird. Der Hypnotisand und der Hypnotiseur bilden ein Team, um das gewünschte Ziel gemeinsam zu erreichen. Das suggestive Vorgehen bei der Fremdhypnose ist weit verbreitet. Dabei wird der Patient, wie auch bei den anderen Formen der Hypnose, zunächst in den hypnotischen Zustand versetzt. Anschließend prägt ihm der Hypnotiseur neue Verhaltensweisen und Gedanken ein, die direkt in das Unterbewusstsein gelangen sollen. Dies erfolgt beispielsweise durch hypnotische Sprachmuster oder die dauerhafte Wiederholung dessen, was verinnerlicht werden soll. Während dieser Form der Hypnose arbeiten Hypnotiseure gerne mit Blockadenlösungen. Dabei handelt es sich um Geschichten, welche die Hypnotiseure erzählen, um das Problem und die Lösung beispielsweise durch eine Phantasiereise verständlicher zu verdeutlichen.

Durch einen zunehmenden Gesprächsanteil des Hypnotisanden wird die Hypnose immer effektiver. Zudem können mit dem Gespräch während des Trancezustands Lösungsansätze wirksamer entwickelt werden. In der Hypnoanalyse wird der Hypnotisand während seiner Trance sogar vom Hypnotiseur direkt zu den Ursachen des Problems befragt, da das Unterbewusstsein die Gründe kennt.

Eine Kombination aus Auto- und Heterohypnose gilt als die effektivste Form. Hierbei sollen beide Varianten bis zum Erreichen des gewünschten Ziels angewandt werden. Der Hypnotiseur sollte seinem Patienten zu diesem Zweck die Selbsthypnose beibringen, damit er sie zu Hause zwischen den Sitzungen anwenden kann. Durch diese Kombination können fast alle Hypnoseanwendungen beschleunigt und das Ziel schneller und effektiver erreicht werden.

Was ist eine Suggestion?

Als Suggestion werden jene Worte bezeichnet, die der Hypnotiseur nutzt, um auf das Unterbewusstsein des Patienten einzuwirken. Das Wort „Suggestion" leitet sich vom englischen Verb „to suggest" – auf Deutsch „vorschlagen" – ab. Suggestionen sollen dabei helfen, die hypnotische Trance hervorzurufen, zu vertiefen oder wieder aufzulösen. Durch sie können die Gefühle des Hypnotisanden verändert und ein Zustand tiefer Entspannung erreicht werden. Suggestionen dienen so als Hilfsmittel zur Lösung eines Problems oder der Umstrukturierung von Denkweisen. Im hypnotischen Zustand reagiert das Gehirn stärker auf Bilder als auf Worte, was bedeutet, dass der Hypnotiseur seine Suggestionen dementsprechend gestalten muss.

Suggestionen werden sowohl in der Autohypnose als Autosuggestionen als auch in der Heterohypnose als Heterosuggestionen verwendet und sollten immer gegenwartsbezogen und positiv sein. Das Unterbewusstsein denkt in Bildern und ignoriert Negationen (nicht, kein, etc.), weshalb diese vermieden werden sollen. Stattdessen wird das zu erreichende Endresultat beschrieben.

Es sei erwähnt, dass Suggestionen nicht nur aus Wörtern bestehen müssen. Um das Unterbewusstsein anzusprechen, sollten Wörter, Vorstellungen und Gefühle verwendet werden. Es ist wichtig, sich so zu fühlen, als hätte man das Ziel bereits erreicht. Darüber hinaus sind die Gestik, Mimik und Tonlage des Hypnotiseurs während der Suggestionen ebenfalls von Bedeutung.

Suggestionen können direkt oder indirekt sein. Direkte Suggestionen beinhalten meist einen kurzen Satz, der das Ziel klar und eindeutig formuliert, während indirekte Suggestionen nicht so eindeutig sind. Für Letztere werden meist Fantasiereisen oder Geschichten verwendet.

Wissenschaftliche Erkenntnisse haben gezeigt, dass das Gehirn die Fantasie nicht von der Realität unterscheiden kann. Reale Situationen lösen dieselben Gehirnwellen aus wie die Vorstellung dieser. Somit kann das Visualisieren dabei behilflich sein, eine positivere Realität zu erschaffen. Während der Hypnose sind diese Imaginationen äußerst wirksam, da das Unterbewusstsein besonders aufnahmefähig ist. Deshalb sollten Suggestionen immer mit Emotionen und Bildern verbunden werden.

Die Anwendung posthypnotischer Suggestionen ist ebenfalls möglich. Dabei handelt es sich um einen Auftrag oder Befehl, den der Hypnotisand während der Trance erhält, aber erst nach Aufhebung der Trance ausführen soll. Hierbei muss auf die Wortwahl geachtet werden, da das Gehirn während der Trance beispielsweise Redewendungen nicht versteht, sondern wörtlich nimmt. Die posthypnotische Suggestion ist umso wirksamer, je tiefer die Trance ist.

Die Geschichte der Hypnose

Die Hypnose ist so alt wie die Menschheit selbst, unterscheidet sich allerdings in der Anfangszeit von der heutigen Form. Trance und Hypnose sind uralte Heilverfahren, die bereits in den frühen Kulturen in Heilritualen verwendet wurden.

Die ältesten Aufzeichnungen der Hypnose gehen auf über 4000 Jahre alte Schriften zurück. Damals haben Priesterärzte der Sumerer, dem ältesten bekannten Urvolk, die Hypnose genutzt, um kranke Menschen zu heilen. In Indien wurde die Trance damals in drei Hauptzustände unterteilt. In einer der ältesten Sanskriturkunden werden diese als „Wachschlaf", „Traumschlaf" und „Wonneschlaf" bezeichnet. Die drei Techniken werden heutzutage noch bei verschiedenen Yoga-Praktiken angewandt. Ägyptische Priester haben ebenfalls schon sehr früh ähnliche Methoden verwendet. Sie hielten den Kranken glänzende Metallscheiben vor die Augen, um sie zu ermüden. Durch Handauflegen und Suggestionen sollte dann die Heilung vorangetrieben werden. Eine ebenfalls weit verbreitete Heilungsart in Ägypten und Griechenland waren die Schlaftempel, in denen Kranke durch das rituelle Verbrennen von Kräutern in einen Trancezustand versetzt wurden. Während des Schlafens wurden ihnen heilungsfördernde Suggestionen zugeflüstert. Bei Naturvölkern verschiedener Kulturen werden bis heute hypnoseähnliche Techniken zur Heilung verwendet.

Im Mittelalter erkannte der Arzt Aurelius Philippus Theophrastus Bombastus von Hohenheim (1493-1541), auch bekannt als Paracelsus, die heilende Wirkung von Suggestionen.

Der deutsche Arzt Franz Anton Mesmer (1734-1815) gilt als „Urvater der modernen Hypnose". Er war der Meinung, dass jeder Körper von einem magnetischen Kraftfeld, dem Fluidum, umgeben ist, welches bei Krankheit ein Ungleichgewicht aufweist. Um dieses Gleichgewicht wiederherzustellen, nutzte er sein eigenes Kraftfeld, welches er durch Handauflegen auf den Kranken übertrug. Diese Theorie bezeichnete er als „animalischen Magnetismus".

Der englische Augenarzt James Braid (1795-1860) besuchte 1841 die Vorführung eines Schweizer Magnetiseurs. Dabei stellte er fest, dass das Augenlidflattern der Versuchspersonen echt sein musste und begann sich mit dem Thema näher auseinanderzusetzen. Er führte Experimente durch, bei denen er Versuchspersonen einen glänzenden Knopf vor die Augen hielt, den sie fixieren sollten, und versetzte sie so in einen tranceähnlichen Zustand. Er nannte diesen Zustand „Hypnose" und war somit der Erste, der diesen Begriff nutzte.

Der schottische Chirurg James Esdaile (1808-1859) verwendete Hypnose als einziges Betäubungsmittel bei Operationen und ließ die Sterblichkeitsrate so von 50% auf 5% sinken.

Der Universitätsprofessor Hippolyte Bernheim (1840-1919) der medizinischen Fakultät von Nancy behandelte viele seiner Patienten mit Hypnose und führte sie als neue

Behandlungsmethode ein, welche als „Schule von Nancy" bezeichnet wird.

Jean-Martin Charcot (1825-1893) war ein anerkannter Professor, der meinte, dass Hypnose nur eine künstliche Hysterie sei. Er war für die wissenschaftliche Anerkennung von Hypnose verantwortlich.

Sigmund Freud (1856-1939) war von der Hypnose beeindruckt und übersetzte Bernheims Lehrbuch ins Deutsche. Er wendete die Hypnose selbst an und ersetzte sie in weiterer Folge durch die Technik der „freien Assoziation", einer Methode der Psychoanalyse.

Émile Coué (1857-1926) entwickelte die Autosuggestion. Er war der Ansicht, dass jede Hypnose eine Selbsthypnose sei, sodass sich jeder Patient durch Selbsthypnose eigenständig heilen kann.

M.D. Milton H. Erickson (1901-1980) war Facharzt für Psychiatrie und gilt als Urvater der modernen Hypnosetherapie. Er nutzte Metaphern, die er durch indirekte Suggestionen therapeutisch anwendete. Erickson war mit verantwortlich für die Anerkennung von Hypnose als Therapiemethode.

2006 wurde die Hypnotherapie wissenschaftlich anerkannt. Heutzutage gibt es viele Therapieschulen, die unterschiedliche Hypnoseansätze lehren.

Hypnose im täglichen Leben

Hypnose und Trance begegnen uns im täglichen Leben immer wieder, wie zum Beispiel beim Einschlafen und Aufwachen. Auch beim Lesen eines fesselnden Buches oder wenn wir tagträumen befinden wir uns in einer Art Trance. Auf monotonen Autofahrten wird das Auto oft bedient, ohne sich dessen bewusst zu sein. Ohne darüber nachzudenken wird geschaltet und auf die Kupplung oder das Gaspedal getreten und plötzlich ist man am Ziel. Diese alltäglichen Trancezustände verdeutlichen eine angeborene Fähigkeit des Menschen, sich auf eine Sache komplett zu fokussieren und seine Aufmerksamkeit darauf zu richten.

Hypnose kann im Alltag angewendet werden, um sich zu entspannen und die Gedanken vom Alltagsstress abzuwenden. Die Selbsthypnose kann in den Alltag integriert werden, wenn man sich fünf bis zehn Minuten am Tag Zeit nimmt, um seine Gedanken durch Suggestionen auf ein Ziel zu fokussieren. So lässt sich das tägliche Leben geistig wacher und gesünder gestalten.

Hypnose kann genutzt werden, um den Alltag angenehmer und positiver zu gestalten. Sie kann beispielsweise bei der Entspannung und beim Einschlafen helfen, den alltäglichen Stress zu reduzieren und körperliche Beschwerden zu mindern.

Die Möglichkeiten der Hypnose sind sehr vielfältig. Besonders in der Lebenshilfe und der Medizin wird Hypnose angewendet.

In der Lebenshilfe wird Hypnose unter anderem in den folgenden Einsatzbereichen verwendet:

Raucherentwöhnung

Durch Hypnose ist es möglich, das Rauchen zu beenden, ohne die sonst üblichen Entzugserscheinungen zu durchleben. Die Erfolgsquote bei einer Abgewöhnung des Rauchens mit Hypnose ist sehr hoch. Wie viele Hypnoseanwendungen hierfür notwendig sind, ist dabei individuell abhängig. Einige hören bereits nach einer Sitzung mit dem Rauchen auf, während andere mehrere Anwendungen benötigen.

Abnehmen

Die Hypnose kann beim Abnehmen helfen, ohne dass eine Diät, bei der man auf vieles verzichten muss, nötig ist. Durch die Hypnose und die dabei verwendeten Suggestionen können Essgewohnheiten umgestellt werden, was in Kombination mit einem leichten Ausgleichssport zu einem Gewichtsverlust führt.

Steigern des Selbstbewusstseins

Mit Hilfe von Hypnose lässt sich das Selbstbewusstsein problemlos steigern. Das erlangte Selbstbewusstsein führt zu einem erfolgreicheren Leben und somit zu einer gesteigerten Lebensqualität.

Flugangst

Viele Menschen werden von Flugangst geplagt, was ihnen das Reisen und den Urlaub erschwert. Durch Hypnose kann den Betroffenen schnell und effektiv geholfen werden.

Entspannung

Hypnose führt sehr schnell zu einer Entspannung, weshalb sie ein ideales Mittel für Erholung und den Stressabbau ist. Der Trancezustand bewirkt ein angenehmes Gefühl im Unterbewusstsein.

Sexuelle Probleme

Sexuelle Probleme beginnen meist im Kopf. Durch die Hypnose, die ebenfalls im Inneren des Körpers stattfindet, können diese Probleme effektiv gelöst werden.

Leistungssteigerung

Hypnose kann zum einen Kindern und Jugendlichen dabei helfen, Spaß an der Schule zu haben und die gewünschten Leistungen zu erzielen. Zum anderen sind positive Suggestionen ein gutes Hilfsmittel, um die Karriere in die gewünschte Richtung voranzutreiben.

In der Medizin sind die Einsatzbereiche der Hypnose ebenfalls sehr vielseitig. Sie kommt zum Beispiel bei der Linderung körperlicher Beschwerden und der Reduktion von psychischen Belastungen bei medizinischen Behandlungen zum Einsatz. Bei körperlichen Beschwerden wie Allergien, Neurodermitis und als Begleitung zur Chemotherapie wird Hypnose ebenfalls eingesetzt. Auch bei Schmerzen wie beispielsweise

Kopfschmerzen, chronischen Schmerzen und Rückenschmerzen kann Hypnose zur Linderung beitragen.

Die Hypnose zählt inzwischen zu den anerkannten Heilmethoden, die überwiegend in der Psychotherapie, aber auch zunehmend in der Zahnmedizin und bei Operationen genutzt wird. Während Operationen kann die Hypnose anstatt einer Narkose verwendet werden, um den Patienten in einen Trancezustand zu versetzen. Vielen Ärzten fehlt allerdings aufgrund von Überbelastung die Zeit für eine angemessene Hypnosesitzung, weshalb sie eher zu Medikamenten greifen.

Hypnose kann auch bei Kindern und Jugendlichen angewendet werden und ist hier meist besonders erfolgreich. Vor allem Kinder haben noch eine enorme Vorstellungskraft und sind offen für Neues. Sie gehen täglich spielerisch mit einem „So tun als ob" um und können so die Suggestionen besser annehmen. Zudem haben sie meist einen einfacheren Zugang zu sich selbst und können auf diese Weise leichter an die Ursachen ihrer Probleme gelangen. Bei Kindern und Jugendlichen wird Hypnose zum Beispiel in folgenden Bereichen verwendet:

• Lernprobleme

• Angstbewältigung

• ADHS

• Über- oder Untergewicht

• Sprechstörungen

• Mangelndes Selbstvertrauen

• Trennungstraumen (z. B. bei Scheidung der Eltern)

Stand der heutigen Hypnoseforschung

Hypnoseforschung ist ein Teil der experimentellen Psychologie und wird in psychologischen Labors verschiedener Universitäten und Forschungseinrichtungen betrieben. Es gibt mehr als 200 internationale Studien, die die Wirksamkeit der Hypnose belegen.

2017 untersuchte das Universitätsklinikum Jena in einer Studie welche nichtmedikamentösen Methoden gegen die Angst vor dem Zahnarzt helfen. Zu den eingesetzten Maßnahmen zählten Entspannungsübungen und Musikhören. Die mit Abstand besten Ergebnisse wurden dabei im Zuge der Hypnose erzielt.

In einer 2018 veröffentlichten Studie brachte die Narkoseärztin Marie-Elisabeth Faymonville einigen Patientinnen mit Brustkrebs bei, sich selbst zu hypnotisieren. Die Frauen, die diese Methode verwendeten, waren bereits nach sechs Sitzungen weniger depressiv und konnten besser schlafen als jene Frauen der Vergleichsgruppe, die keine Hypnose nutzten.

Anhand von Experimenten hat sich gezeigt, dass die Person des Hypnotiseurs keinen großen Einfluss auf die Wirksamkeit der Hypnose hat. Bedeutender ist die Fähigkeit des Hypnotisanden, sich auf die Hypnose einzulassen. Die Forschung hat gezeigt, dass es nicht den „einen" hypnotischen Hirnzustand gibt, sondern dass sich das Gehirn an die Suggestion und die Situation anpasst.

Was genau während einer Hypnose im Gehirn geschieht ist noch nicht vollständig erforscht. Neuropsychologische Untersuchungen haben mithilfe bildgebender Verfahren gezeigt, dass die Aktivität bestimmter Gehirnareale während der Trance reduziert ist. Die Regionen, die für die Wahrnehmung zuständig sind, sind beispielsweise ausgeschaltet, während die Areale, die für Gefühle und Phantasie verantwortlich sind, sehr aktiv sind. Durch Messungen der Gehirnreize konnte außerdem gezeigt werden, dass Schmerzreize unter Hypnose ins Gehirn weitergeleitet werden, die Verarbeitung allerdings anders erfolgt und der Reiz nicht ins Bewusstsein dringt.

Forscher vermuten, dass nicht nur die Aktivität der Hirnregionen unter Hypnose unterschiedlich ist, sondern dass diese auch anders miteinander verknüpft sind. Dies führt dazu, dass Hypnose gespeichertes Schmerzverhalten verändern und den Schmerz lindern kann. Des Weiteren lassen Ergebnisse aus der Genforschung vermuten, dass die Hypnotisierbarkeit durch erblich bedingte Variationen individuell ausgeprägt ist.

Trotz der vielen Erkenntnisse, die die Hypnoseforschung bis heute erzielt hat, gibt es viele Fragen, welche noch nicht ausreichend geklärt wurden.

Tipp: Die Schweizer Kollegen sind hier führend in der Hypnose Forschung.

Einfach mal „SRF Hypnose Video" in Google eingeben.

Die Kommunikation in

der Hypnose

Hypnotischer Rapport

Als Rapport wird in der Hypnose die Verbindung zwischen dem Hypnotiseur und dem Hypnotisanden bezeichnet, die auch während der Trance bestehen bleibt. Der Begriff „Rapport" wird nicht nur im Bereich der Hypnose, sondern auch in anderen Gebieten für das Vertrauensverhältnis zwischen einem Therapeuten und seinem Patienten verwendet. Ist solch ein Vertrauen aufgebaut worden, können der Hypnotiseur und der Hypnotisand während einer Hypnosesitzung stets miteinander in Kontakt stehen. Zusätzlich ist die Aufmerksamkeit des Hypnotisanden gebunden und seine Aufnahmefähigkeit gesteigert, wenn der Rapport erreicht wurde.

Der Patient nimmt die Stimme des Hypnotiseurs wahr und reagiert auf diese. Der Hypnotiseur muss genau auf die Körperfunktionen und Verhaltensweisen des

Hypnotisanden achten und diese deuten können, um seine Suggestionen individuell an den Patienten anzupassen. Einige Hypnotiseure begeben sich sogar selbst bis zu einem gewissen Grad in Trance, um sich im selben Bewusstseinszustand wie der Hypnotisand zu befinden und so einen besseren Kontakt zu ihm aufzubauen.

Um einen guten Rapport zu ermöglichen ist sehr viel Einfühlungsvermögen notwendig, da der Hypnotiseur mit den Problemen und Gefühlen des Patienten einfühlsam umgehen sollte. Der Prozess der Herstellung des Rapports kann durch das sogenannte „Pacing und Leading" bewusst gestaltet werden.

Im Pacing (Mitgehen) kann man zum einen das Verhalten (Haltung, Gestik, Mimik etc.) des Partners, aber auch das Sprachverhalten übernehmen, beispielsweise durch aktives Zuhören. Das Pacing der Glaubenssätze und Ziele des Hypnotisanden ist ebenfalls möglich sowie das Pacing auf der Ebene der Identität. Durch dieses Mitgehen soll erreicht werden, dass der Hypnotisand in den Worten des Hypnotiseurs seine eigene Erfahrungswelt wiederfindet und sich verstanden fühlt. So kann Vertrauen in den Hypnotiseur aufgebaut werden.

Auf das Pacing baut anschließend das Leading (Führen) auf. Hierbei übernimmt der Hypnotiseur die führende Rolle und kann den Hypnotisanden beispielsweise durch eine verlangsamte Atmung in seinem Atmen beeinflussen.

Wird der Rapport durch das Durchbrechen der verbalen oder nonverbalen Kommunikation, beispielsweise durch Abwendung des Gesprächspartners beendet, kommt es zum sogenannten Rapportverlust.

Verbale Kommunikation

Bei der Hypnose ist es wichtig, das Unterbewusstsein anzusprechen. Deshalb besteht die verbale Kommunikation während dem Trancezustand meist aus Sprachmustern und Metaphern.

Symbole können dabei helfen, die hypnotische Wirkung zu entfalten. Hierbei werden dem Patienten abstrakte Gefühle wie Unabhängigkeit durch Symbole wie einen frei fliegenden Vogel verdeutlicht. Analogien werden ähnlich wie Metaphern eingesetzt, beziehen sich aber nicht auf eine einzige Sache, sondern auf einen ganzen Themenkomplex. Es ist auch möglich, ein Problem anhand einer Geschichte darzustellen, die mit einem Erfolg endet.

Während der Hypnose sollen möglichst keine direkten Befehle und Anweisungen gegeben werden. Stattdessen sollte der Hypnotiseur das Problem indirekt angehen und dem Patienten so die Entscheidungsgewalt überlassen.

Nonverbale Kommunikation

Im Gegensatz zur verbalen Kommunikation findet die nonverbale Kommunikation ganz ohne Worte statt. Hierzu zählen Gesten, Gesichtsausdrücke und die Körperhaltung.

Es werden dabei unbewusst Botschaften ausgesendet und vom Gesprächspartner unbewusst empfangen. Nonverbale Botschaften sind in der Hypnose von großer Bedeutung und sind wirksamer als Suggestionen. Sobald der Hypnotiseur Unsicherheit oder Desinteresse ausstrahlt, verliert die Hypnose jedoch ihre Wirkung, da der Hypnotisand dies spürt.

Einige Therapeuten verzichten bei ihrer Hypnosetherapie vollständig auf Worte und nutzen nur die nonverbale Kommunikation. Vielen Menschen ist es unangenehm, über ihre Probleme zu sprechen, doch sie können die nonverbale Hypnose nutzen, um ihre Probleme zu lösen. Die Trance wird hierbei durch Stimulierung unterschiedlicher Körperpunkte, der hypnogenen Zonen, eingeleitet. Es ist keine Manipulation möglich, da sich der Hypnotiseur während der Anwendung nicht mit dem Patienten unterhält. Diese Methode spricht die Selbstheilungsfähigkeiten des Menschen an. Das Unterbewusstsein des Hypnotisanden entscheidet selbst, an welchem Thema oder Problem gearbeitet werden soll und welche Form der Lösung die richtige ist.

Nichtmedizinische Anwendungen der Hypnose

Persönlichkeitsentwicklung

In der Persönlichkeitsentwicklung kann Hypnose für vielfältige Bereiche eingesetzt werden. So vielfältig wie die Menschen sind, sind auch ihre Wünsche und Probleme in Bezug auf die eigene Persönlichkeit.

Die Hypnose kann in der Persönlichkeitsentwicklung beispielsweise für folgende Themen genutzt werden:

Das Selbstwertgefühl steigern

Viele Menschen möchten gerne das eigene Selbstbewusstsein erhöhen. Die Hypnose bietet hierfür vielfältige Möglichkeiten und Techniken, indem sie gezielt bei den individuellen Problemen ansetzt und diese löst.

Mehr Disziplin

Jeder kennt wohl die Situation, dass Dinge anstehen, die erledigt werden müssen, und man sich dazu einfach nicht aufraffen kann. Dies ist auch völlig normal und menschlich. Sobald man sich allerdings durch mangelnde Selbstdisziplin dauerhaft im Weg steht, sollte man daran arbeiten. Die Hypnose kann dabei helfen, die eigene

Disziplin zu steigern und so das Lebensgefühl zu verbessern, da einen das schlechte Gewissen nicht mehr so häufig plagt.

Ausgeglichenheit

Viele Menschen sind oft hektisch oder gestresst und würden gerne ausgeglichener sein. Hypnose kann dabei helfen, den Alltag gelassener anzugehen und so zu einer entspannten Grundstimmung zu verhelfen.

Lebenshilfe

Als praktische Lebenshilfe ist Hypnose fast überall einsetzbar. So kann sie beispielsweise die Konzentrationsfähigkeit erhöhen und zu einer Leistungssteigerung führen. Des Weiteren kann Hypnose genutzt werden, um Stress zu lindern und sich von negativen Empfindungen wie Schuldgefühlen zu befreien. Die Trance kann auch dazu verwendet werden, um mit Scheidungen oder Trennungen besser umzugehen oder den Tod eines geliebten Menschen zu verkraften.

Meditation

Das Wort „Meditation" stammt vom lateinischen Wort „meditatio" ab, was „Nachdenken" bedeutet. Es wird aber auch vom lateinischen „medium" für „Mittelpunkt" abgeleitet. Durch diese Praktik sollen die Gedanken zur Ruhe gebracht und der Geist fokussiert werden. In der klassischen Meditation soll somit an nichts gedacht und der Kopf abgeschaltet werden. Die hypnotische

Meditation vereint die Hypnose mit Aspekten der Meditation. Der Geist wird fokussiert, aber kommt nicht vollständig zur Ruhe, sondern wird zum Mitdenken angeregt. Die positiven Suggestionen werden dabei angehört und aufgenommen.

Autogenes Training

Das autogene Training ist eine Form der Selbsthypnose und ein weit verbreitetes Verfahren der Psychotherapie. Bei diesem Entspannungsverfahren wird die Aufmerksamkeit durch Autosuggestionen auf den gesamten Körper gerichtet. Hierbei werden bestimmte Formeln im Kopf wiederholt, wodurch dem Körper ein Gefühl von Schwere, Ruhe oder Wärme vermittelt wird. Das autogene Training wirkt entspannend und stressabbauend.

In der Beziehung

Hypnose kann bei Beziehungsproblemen helfen und auch bei der Partnersuche unterstützend wirken. Durch die Trance können die Ursachen der Beziehungsprobleme aufgedeckt werden, die meist nicht offensichtlich sind. Die Hypnose regt das Unterbewusstsein an und enthüllt so unbewusste Handlungen und Gedanken, die zu Problemen in der Beziehung führen.

Bei der Partnersuche hilft Hypnose dabei zu erkennen, weshalb der richtige Partner noch nicht gefunden wurde. Die Ursache kann im weiterer Folge durch neue und verbesserte Gedanken und Verhaltensmuster beseitigt werden.

Künstlerische Fähigkeiten können durch Hypnose gefördert werden. Spezifische Suggestionen in Bezug auf das künstlerische Talent helfen dabei die Inspiration und Kreativität zu fördern.

Durch intuitives Malen in Trance können Symbole und Farben unbewusst gewählt werden und so unbestimmte Gefühle und Probleme bewusst machen. Sobald man sich der Probleme bewusst ist, können auch Lösungen dafür gefunden werden.

Vor allem in der Kinder-Hypnose wird das Malen von Bildern eingesetzt, um an ihre Gefühle heranzukommen und so Erfolge zu erzielen.

Im Sport

Vor allem im Leistungssport wird Hypnose immer mehr genutzt. Die Sporthypnose hilft Sportlern, die durch psychische Probleme oder Konflikte in ein Leistungstief geraten sind, wieder die ursprünglichen Leistungen zu erzielen oder sogar zu übertreffen.

Leistungssportler bedienen sich der Hypnose schon seit vielen Jahren, um bei einem Wettkampf Spitzenleistungen zu erzielen. Im Zustand der Trance erlebt der Sportler in seinem Unterbewusstsein Situationen, in denen er Höchstleistungen bringt und steigert so auch in der Realität seine Leistungen.

Zusätzlich hilft Hypnose dabei, die Motivation zu steigern. So können Menschen, die regelmäßig trainieren

wollen, aber nicht genügt motiviert sind, durch Hypnose
ihre Motivation erlangen.

Hypnose als Lernhilfe

Hypnose hilft dabei, das Erinnerungsvermögen zu
verbessern und mehr Lernmotivation zu entwickeln,
darüber hinaus führt sie zu einem verbesserten
Gesamtverständnis. Außerdem kann Hypnose gegen
Prüfungsangst eingesetzt werden. Für die intellektuelle
Denkleistung ist eine bestimmte Frequenz des Gehirns
optimal. Während dieser Frequenz ist der Körper sehr
entspannt und die Aufmerksamkeit gesteigert. Die
Hypnose kann verwendet werden, um diese Frequenz zu
erreichen. So können auch große Stoffmengen leicht
verarbeitet und eingeprägt werden.

Im Beruf

Im Berufsleben kann Hypnose dazu beitragen, Blockaden
und Schwächen zu überwinden und so das Berufsleben
erfolgreicher zu machen. Die Hypnose kann eingesetzt
werden, um ein sicheres Auftreten zu bewirken, und um
das Verhandlungsgeschick, die Kommunikationsfähigkeit
und die Teamfähigkeit zu steigern. Dadurch können die
beruflichen Fähigkeiten und somit die Berufschancen
verbessert werden. Führungspersonen nutzen Hypnose
häufig, um besser mit Stress umzugehen und entspannter
zu sein, damit sie den vielen Anforderungen effektiver
gerecht werden können.

Wer kann Hypnose lernen?

Persönliche Voraussetzungen und Fähigkeiten

Grundsätzlich kann jeder Hypnose lernen. Um die Selbsthypnose zu erlernen ist vor allem das Vertrauen in sich selbst und die eigenen Fähigkeiten notwendig. Außerdem sollte man auf die Hypnose neugierig sein und sich mit diesem Thema ausführlich befassen. Es ist wichtig, sich die eigene Motivation bewusst zu machen und im Klaren darüber zu sein, was man mit der Trance erreichen will. Die Fähigkeit, sich selbst in den Fokus zu stellen, hat hierbei einen besonderen Stellenwert.

Um als Hypnotiseur andere Leute hypnotisieren zu können sind folgende Voraussetzungen nötig:

- Die Freude an der Arbeit mit Menschen: Der Hypnotiseur hat viel mit Menschen zu tun und steht mit ihnen in engem Kontakt. Er lernt ihre Probleme und Wünsche kennen und muss auf diese empathisch eingehen können.

- Neugier auf Hypnose: Es ist wichtig, sich mit dem Thema Hypnose auseinanderzusetzen und Interesse dafür aufzubringen.

- Gutes Verantwortungsgefühl: Die Hypnose kann sehr intensive Emotionen und Veränderungen bei dem Hypnotisanden hervorrufen. Der Hypnotiseur hat somit eine große Verantwortung, mit der er gewissenhaft umgehen sollte.

- Lernbereitschaft: Die Hypnose ist ein großes Gebiet, weshalb der Hypnotiseur dazu bereit sein muss, immer etwas Neues zu lernen. Er muss sich nicht nur über Methoden der Hypnose informieren, sondern sich auch mit Themen wie Psychologie, Psychotherapie und Medizin beschäftigen.

Ausbildung

Da der Begriff „Hypnose" gesetzlich nicht geschützt ist, kann sich im Grunde jeder als Hypnotiseur bezeichnen und Hypnose praktizieren. Hypnose-Ausbildungen werden in Form von verschiedenen Kursen angeboten, die teilweise nur eine Woche dauern. Um Hypnose fachlich und seriös durchzuführen, sollte eine gründliche Ausbildung erfolgen.

Um psychische Störungen zu behandeln, darf Hypnose nur von Personen wie Psychotherapeuten oder Ärzten angewandt werden, die eine Erlaubnis zur Ausübung der Heilkunde haben.

In Bereichen wie der Prävention, Persönlichkeitsentwicklung, Entspannung und Geburtsvorbereitung darf Hypnose rechtlich gesehen von jedem vorgenommen werden.

Auftreten und Verhalten

Ein Hypnotiseur sollte seriös auftreten und sich gegenüber dem Hypnotisanden empathisch verhalten.

Dabei ist es wichtig, authentisch zu sein, um so ein Vertrauensverhältnis zwischen ihm und dem Patienten zu schaffen. Hierfür sollte der Hypnotiseur auch eine gewisse Professionalität ausstrahlen. Während der Hypnose nutzt der Hypnotiseur Suggestionen, um das Unterbewusstsein des Hypnotisanden zu erreichen. Durch direkte und indirekte Aufforderungen kann der Zugang zu verborgenen Fähigkeiten ermöglicht werden.

Wer kann hypnotisiert werden?

Grundsätzlich ist jeder Mensch hypnotisierbar. Wichtig ist, dass sich die Person auf die Hypnose einlässt. Etwa 10% der Menschen gelten als sehr leicht hypnotisierbar und nur rund 5% können oder dürfen nicht hypnotisiert werden.

Es können auch Kinder hypnotisiert werden, sobald sie das Sprachverständnis entwickelt haben. Kinder lassen sich besonders gut hypnotisieren, da sie noch keine Vorurteile und Ängste gegenüber der Hypnose entwickelt haben. Menschen, die nicht über die nötige Intelligenz verfügen, um die Worte und Gestik des Hypnotiseurs im Kopf in Bilder und Gefühle umzusetzen, sind nicht hypnotisierbar. Zudem kann die Hypnotisierbarkeit durch Erkrankungen wie Migräne, Persönlichkeitsstörungen oder Psychosen sowie durch die Einnahme bestimmter Medikamente beeinträchtigt werden.

Die Tiefe der Trancezustände ist nicht bei allen Menschen gleich. Sie hängt von individuellen Faktoren des Hypnotisanden ab, hauptsächlich aber von der Fähigkeit des Hypnotiseurs und der Art, wie die Hypnose eingeleitet wird.

Viele denken, dass nur willensschwache und einfältige Menschen hypnotisiert werden können, was jedoch nicht stimmt. Menschen mit einer höheren Intelligenz und

Willensstärke sind besser hypnotisierbar, sofern sie dafür offen sind. Der starke Wille für Veränderungen ist neben der Fähigkeit, sich fallen lassen zu können, entscheidend, um tiefe Trancezustände zu erreichen.

42

Wer darf nicht

hypnotisiert werden?

Menschen, die unter einer Herzschwäche oder einem zu niedrigen Blutdruck leiden, dürfen nicht hypnotisiert werden. Auch bei jenen, die unter Drogen-, Medikamenten- oder Alkoholeinfluss stehen, darf keine Hypnose durchgeführt werden. Ebenso dürfen sich Menschen mit hirnorganischen Beeinträchtigungen oder einer Demenzerkrankung nicht hypnotisieren lassen. Blinde und Gehörlose gelten als nur bedingt hypnotisierbar.

Lag bei dem Patienten ein kardiovaskuläres Ereignis, wie zum Beispiel ein Herzinfarkt, ein Schlaganfall oder eine Thrombose vor, sollte die Hypnose erst nach sechs Monaten wieder durchgeführt werden.

Bei psychiatrischen Diagnosen, wie zum Beispiel Psychosen oder manisch-depressiven Erkrankungen sollte keine Hypnose angewendet werden. Die medikamentöse Behandlung steht bei diesen Erkrankungen im Vordergrund, wobei es aber auch Ansätze gibt, bei denen Hypnose zusätzlich als Begleitmaßnahme eingesetzt wird.

Menschen mit starken Einschränkungen der Intelligenz oder Konzentrationsfähigkeit wird von Hypnose abgeraten, da durch diese Umstände ungünstige Voraussetzungen für die Hypnose geschaffen werden.

Kranke Menschen sollten zuerst einen Arzt aufsuchen bevor eine Hypnosebehandlung erfolgt und so eine medizinische Diagnose erhalten. Andernfalls kann es dazu kommen, dass eine ernsthafte chronische Erkrankung nicht oder zu spät erkannt wird, da die Schmerzen mit Hilfe der Hypnose gelindert werden können.

Zusätzlich zu den medizinischen Gründen gegen den Trancezustand gibt es auch charakterliche Aspekte, die gegen eine Anwendung sprechen. Menschen, welche sich gewohnheitsmäßig allem widersetzen oder beweisen wollen, dass Hypnose bei ihnen nicht wirkt, sollten nicht hypnotisiert werden, da die Hypnose bei ihnen unter diesen Voraussetzungen keinen Erfolg zeigen wird. Bei Menschen, die ein ausgeprägtes Bedürfnis nach Kontrolle haben und sich nicht auf andere einlassen oder ihnen vertrauen können, sollte zunächst eine andere Therapie durchgeführt werden, bei der sie lernen, die Kontrolle auch mal abzugeben.

Wovon ist Hypnotisierbarkeit abhängig?

Die Bereitschaft zur Veränderung ist eine wichtige Voraussetzung für den Erfolg der Hypnose. Eine passive Haltung, die davon ausgeht, dass sich Probleme durch die Hypnose von alleine lösen lassen, ist nicht förderlich.

Für jede Suggestion ist die eigene Einstellung ausschlaggebend dafür, ob sie ins Unterbewusstsein gelangen kann und wirkt, oder ob sie zurückgewiesen wird. Die Suggestion kann nur wirken, wenn sie einem zusagt und man davon überzeugt ist, dass sie wirkt. Widerspricht die Suggestion hingegen den eigenen Werten und Normen stark, kann sie nicht ins Unterbewusstsein gelangen und wird stattdessen blockiert. Die Suggestion erreicht ebenfalls nicht das Unterbewusstsein, wenn es dem Hypnotisanden gleichgültig ist, ob sie wirkt oder nicht. Ein entsprechendes Beispiel ist, wenn ein Raucher seine Therapie nicht aus eigenem Willen durchzieht, sondern weil er vom Arzt dazu verordnet wurde. Sobald man darauf hofft, dass die Suggestion eine Veränderung bewirkt, ist sie auch wirkungslos, denn beim Hoffen ist man nicht davon überzeugt, dass die Suggestion wirkt.

Eine weitere wichtige Voraussetzung für den Erfolg der Hypnose ist die Bereitschaft des Hypnotisanden zur Kooperation mit dem Hypnotiseur und das Befolgen der

Anweisungen. Ein Vertrauensverhältnis zwischen Hypnotisand und Hypnotiseur muss gegeben sein, damit die Hypnose wirken kann. Hat man Angst davor, weil man nicht genügend darüber informiert ist, kann dies die Hypnotisierbarkeit ebenfalls beeinträchtigen.

Es hat sich gezeigt, dass auch das Gehirn Einfluss auf die Hypnotisierbarkeit hat. Bei Menschen, die leicht zu hypnotisieren sind, liegt oft eine Hirnasymmetrie vor: Ihre linke Gehirnhälfte scheint im Wachzustand effektiver zu arbeiten als die rechte, und unter Hypnose ist das Gegenteil der Fall. Menschen, bei denen beide Gehirnhälften etwa gleich effizient arbeiten, lassen sich schwieriger hypnotisieren.

Durch ein entsprechendes Training lässt sich die Hypnotisierbarkeit verbessern. Je häufiger ein Mensch in Trance versetzt wird, desto stärker verbessert sich in der Regel seine Hypnotisierbarkeit. Daher ist die Hypnotisierbarkeit in der ersten Hypnosesitzung häufig am geringsten und die Patienten glauben oft aufgrund der geringen Trancetiefe, dass sie nicht hypnotisierbar sind.

Äußere Voraussetzungen

Hypnose kann als Einzel- oder Gruppenhypnose durchgeführt werden. Sie findet meist in einem Raum der Praxis des Hypnotiseurs statt. Dieser Raum sollte speziell auf die Hypnose zugeschnitten sein und eine Friedlichkeit ausstrahlen. Darüber hinaus sollte die Temperatur des Raumes ca. 21 Grad betragen, um die Einstimmung in einen Ruhemodus zu erleichtern. Die Beleuchtung sollte während der Hypnose gedämmt sein.

Hypnose kann sowohl im Liegen als auch im Sitzen durchgeführt werden, weshalb im Raum Sitzgelegenheiten wie ein Sofa oder Ähnliches vorhanden sein sollten. So kann der Patient frei entscheiden, in welcher Position er sich am wohlsten fühlt. Außerdem ist es förderlich, wenn der Raum nur mit dem Wichtigsten ausgestattet ist, um eine Reizüberflutung zu vermeiden. Es ist wichtig, dass die Trance an einem möglichst geräuscharmen Ort stattfindet, damit sich der Hypnotisand ohne Ablenkung auf sie einlassen kann. Hierbei gilt, dass leise Geräusche wie zum Beispiel ein Flüstern wesentlich störender wirken als laute, neutrale Geräusche, da der Hypnotisand diese auf sich bezieht. Geräusche wie beispielsweise Straßenlärm können durch Suggestionen neutralisiert oder sogar in die Hypnose eingebaut werden. Musik im Hintergrund kann zu einer beruhigenden Atmosphäre beitragen, sollte aber mit Vorsicht eingesetzt werden, da sie beim Hypnotisanden Emotionen hervorrufen kann, welche die Hypnose beeinträchtigen können. Bei einer Ersthypnose und vor allem bei einem Therapeuten, der über keine oder nur wenig Erfahrung verfügt, sollten die physiologischen Müdigkeitsphasen beachtet werden. Diese finden von ca. 12 bis 16 Uhr und ab ca. 20 Uhr statt. Bei weiteren Hypnosen spielt die Uhrzeit keine große Rolle mehr, da sie zu jeder Tageszeit durchgeführt werden können.

Die Anwesenheit Dritter als Beobachter während der Hypnose ist nicht zu empfehlen. Vor allem bei der Ersthypnose kann der Hypnotisand dadurch gehemmt werden und eine Störung des intimen Vertrauensverhältnisses zwischen Hypnotiseur und Hypnotisand kann die Folge sein. Bei der Rückführung ist es möglich, sich begleiten zu lassen, um zum Beispiel besorgte Familienangehörige zu beruhigen. Wenn bei einem Kind eine Ersthypnose durchgeführt wird, können die Eltern anwesend sein. Dies sollte allerdings eine Ausnahme bilden, die nur bei der ersten Hypnose stattfindet. Es ist wichtig, dass auch Kinder die Möglichkeit erhalten, sich dem Therapeuten ungestört anzuvertrauen, ohne dass andere Personen dabei sind.

Ohne das Wissen und Einverständnis des Hypnotisanden dürfen keine weiteren Personen bei der Hypnose anwesend sein.

Gesellschaftliche Anwendung der Hypnose

In der Politik

Politiker wenden hypnosuggestive Kommunikationstechniken an, um Menschen zu verwirren und dafür zu sorgen, dass sie Entscheidungen zustimmen, die eigentlich nicht ihren Interessen entsprechen.

Hypnotische Sprache besteht meist aus leeren Worthülsen, die der Zuhörer selbst füllt. So fühlt sich jeder Mensch angesprochen, doch jeder verbindet etwas anderes mit dem Gesagten. Das Gesagte hat eigentlich keinen tiefen Inhalt, wird aber vom Zuhörer interpretiert und hat somit eine Bedeutung für ihn. Eine Methode, die Politiker häufig nutzen, um Menschen zu beeinflussen, ist der sogenannte „Ja-Faktor". Bei dieser Manipulationstechnik werden hypnotische Sprachmuster angewendet, auf die man nur mit „Ja" antworten kann, wie beispielsweise der Satzteil „Ich stehe heute vor Ihnen …". Dadurch, dass das Gesagte im Unterbewusstsein automatisch mit „Ja" beantwortet wird, ist man offener für weitere Suggestionen und weniger kritisch. Nachfolgende Sätze werden nicht mehr hinterfragt, sondern ebenfalls bejaht.

Politiker verwenden in ihren Reden auch Nominalisierungen. Es handelt sich hierbei um Verben oder Adjektive, die zu Nomen verwandelt werden, wie beispielsweise der Begriff Freiheit, der vom Adjektiv frei stammt. Durch den Einsatz von Nominalisierungen kommt es beim Zuhörer zu unbewussten Prozessen: So werden Dinge dadurch wichtiger und größer gemacht als sie eigentlich sind. Beispielsweise wirkt der Satz „Ich lebe in Freiheit" beeindruckender als der Satz „Ich bin frei". Außerdem wirken die Dinge durch die Verwendung von Nomen endgültiger. In der Politik werden zum Beispiel Sätze verwendet wie „Die Sicherheit muss bewahrt werden". Dieser Satz ist nicht genau definiert, da jeder etwas anderes mit dem Begriff verbindet, wird aber dennoch von allen bejaht werden.

Ähnlich wie Nominalisierungen wirken auch unspezifische Verben und Adjektive wie zum Beispiel „gerecht" oder „sicher". Diese Adjektive sind ebenfalls sehr unspezifisch und werden von den Zuhörern unterschiedlich interpretiert. Die Bedeutung der Wörter entsteht erst durch die unbewusste Verknüpfung mit eigenen Erfahrungen.

Ein weiteres Beispiel für hypnotische Sprachmuster in der Politik ist die Verwendung von universellen Mengenangaben wie „alle" oder „nie". Durch den Gebrauch dieser Wörter wirken die Dinge in unserem Unterbewusstsein größer oder schlimmer, als sie eigentlich sind.

In Kirchen

Der kirchliche Gottesdienst weist Parallelen zur Hypnose auf. Der Raum ist oft abgedunkelt und der Gläubige ist in sich gekehrt – wie es auch bei der Hypnose der Fall ist. Zudem ähnelt die monotone Stimme des Pastors jener des Hypnotiseurs und beim Beten werden oft die Augen geschlossen. Die Bibel vermittelt einfache Bilder, die kritiklos aufgenommen werden und an Suggestionen erinnern. Eine Diskussion ist während des Gottesdienstes nicht erwünscht, denn sie würde die kirchliche Hypnose stören. Stattdessen soll das Gesagte so hingenommen werden, ohne darüber nachzudenken und es zu hinterfragen. Während Gottesdiensten werden die Mittel der Hypnose schon bei Kleinkindern eingesetzt, da sie noch keine Kritikfähigkeit entwickelt haben und somit das Gesagte glauben. Auf diese Weise können die Botschaften tief ins Unterbewusstsein eindringen, ohne hinterfragt zu werden.

Die Hypnose bei Gottesdiensten kann allerdings auch eine heilsame und teilweise antidepressive Wirkung besitzen. So wird der Gottesdienst mit einem Segen abgeschlossen, der bei den Gläubigen das Gefühl hinterlässt, von Gott beschützt zu werden.

Vor allem die katholische Kirche hat eine positive Einstellung zur Hypnose. Die katholische Messe läuft ähnlich wie eine Hypnose ab: Die Menschen fixieren sich auf eine Sache, während im Hintergrund eine entspannende Musik läuft. Der Priester spricht mit ruhiger, monotoner Stimme und verwendet Suggestionen, welche die Gemeinde nachspricht, ohne darüber nachzudenken. Nach dem Gottesdienst fühlen sich die Menschen meist besser, wie auch nach der Hypnose.

Hinzu kommt, dass sich das Beten mit der Selbsthypnose vergleichen lässt. Der Körper wird dabei zur Ruhe gebracht und die Worte wirken wie Suggestionen.

Hypnose kommt in der Wissenschaft hauptsächlich dann zum Einsatz, wenn ihr Einfluss auf das Gehirn und die Körperfunktionen erforscht wird. Durch diese Forschungen können Ergebnisse erzielt werden, die Aufschluss über menschliche Gehirnfunktionen geben.

Durch Hypnose lassen sich im Labor verschiedene psychische Effekte erzeugen, wie beispielsweise vorübergehende Halluzinationen, Gedächtnisverlust oder Wahnvorstellungen. So ist es den Wissenschaftlern möglich, diese Phänomene an Freiwilligen zu untersuchen und währenddessen die Funktionsweise des Gehirns zu erforschen.

Außerdem setzen sich Wissenschaftler mit der medizinischen Wirkung von Hypnose auseinander, um herauszufinden, in welchen therapeutischen Bereichen die Hypnose wirksam sein kann.

In der Wirtschaft

Die Anwendung von Hypnose wird in der Wirtschaft immer beliebter, da Angestellte und Mitarbeiter einem immer größer werdenden Druck ausgesetzt sind. Dabei können sowohl Einzel- als auch Gruppenhypnosen angewendet werden.

Die Trance kann zu einer höheren Zufriedenheit der Mitarbeiter verhelfen, was sich in erfolgreicherem Arbeiten äußert. Für die Leistungsfähigkeit eines

Unternehmens spielt die Gesundheitsförderung der Mitarbeiter eine wesentliche Rolle.

Hypnose bringt sowohl dem Arbeitgeber als auch dem Arbeitnehmer diverse Vorteile. Der Arbeitgeber kann sie als Hilfsmittel zur Sicherung der Leistungsfähigkeit nutzen. Außerdem kann dadurch die Motivation der Mitarbeiter erhöht werden, was sich positiv auf das Unternehmen auswirkt. Mit einer Gesundheitsförderung durch Hypnose kann das Unternehmen Kosten senken, die durch Krankheits- und die damit verbundenen Produktionsausfälle entstehen. Zusätzlich wird das Image gesteigert und das Unternehmen kann mehr Bewerber, die an offenen Stellen interessiert sind, für sich gewinnen.

Beim Arbeitnehmer kann die Hypnose eine Verbesserung des allgemeinen Gesundheitszustandes bewirken. Außerdem kann sie zu einer Erhöhung der Arbeitszufriedenheit beitragen und die Leistungsfähigkeit verbessern.

In der Werbung

In der Werbung kommen für Verkaufstexte oft hypnotische Sprachmuster zum Einsatz, welche direkt ins Unterbewusstsein gelangen sollen.

Ein Sprachmuster ist hierbei, wie auch in der Politik, der Ja-Faktor. In der Werbung werden ebenfalls Textteile eingebaut, die der Leser oder Zuhörer automatisch mit Ja beantwortet. Dies soll bewirken, dass der Kunde am Ende nicht nur die einzelnen Satzteile, sondern das gesamte Produkt bejaht.

Des Weiteren werden in Werbetexten auch sogenannte Präsuppositionen verwendet. Dabei handelt es sich um Vorannahmen oder enthaltene Unterstellungen, die meist mit Worten wie „offensichtlich", „eindeutig" oder „sofort" eingeleitet werden. Die Aussagen, die in weiterer Folge hinter diese Worte gesetzt werden, werden vom Leser leichter akzeptiert.

Die rhetorische Frage kommt in Verkaufstexten ebenfalls häufig zum Einsatz. Der Begriff bezieht sich auf eine Frage, auf die es nur eine mögliche Antwort gibt. In der Werbung ist die Antwort in der Regel „Ja".

Nicht nur der Inhalt der Werbung beeinflusst unser Unterbewusstsein, sondern auch der Zeitpunkt, zu dem sie erscheint. Im Fernsehen erscheint die Werbung immer dann, wenn der Film oder die Serie gerade spannend wird. Im Radio wird erst das nächste Lied angekündigt, bevor eine Werbepause erfolgt. Um ein Video auf YouTube anzusehen, muss man sich zuerst einen Werbespot anschauen. Da wir wissen wollen, wie der Film weitergeht, oder das nächste Lied nicht verpassen wollen, sehen oder hören wir uns die Werbung an.

Werbung wird im Idealfall so entwickelt, dass sie unsere Gefühle oder unseren Geschmack ansprechen. Während der Weihnachtszeit werden beispielsweise Werbespots ausgestrahlt, die ein Gefühl von Liebe und Geborgenheit mit der Familie ansprechen. Dieses schöne Gefühl verbinden wir dann unbewusst mit dem Produkt. So werden unsere Entscheidungsmechanismen im Gehirn beeinflusst und es kommt zu einem Impulskauf.

Da prinzipiell jeder Mensch hypnotisierbar ist, werden auch Menschen, die nicht an Hypnose glauben, durch diese Methoden manipuliert. Wie erfolgreich die Hypnose in der Werbung ist, hängt davon ab, wie stark das Unterbewusstsein des Menschen von Emotionen geleitet werden kann.

Hypnose bei der Kriminalpolizei

Aufklärung von Straftaten

Bei der Kriminalpolizei wird Hypnose als Ermittlungsverfahren zur Aufklärung von Straftaten eingesetzt. Die Hypnose hilft dabei, unterbewusste Erinnerungen zum Vorschein zu bringen. Die Zeugen werden während der Hypnose an den Ort des Geschehens zurückgeführt, sodass Informationen aus dem Unterbewusstsein ins Bewusstsein gelangen können.

Die Methode der forensischen Hypnose ist besonders gut für Fälle geeignet, bei denen zwischen dem Verbrechen und der Vernehmung viel Zeit liegt. Bewusste Erinnerungen verblassen mit der Zeit und durch die Hypnose können Erinnerungen hervorgerufen werden, von denen die Zeugen offenbar selbst nichts wussten. Das Unterbewusstsein ist selbst nach einer längeren Zeitspanne noch immer in der Lage, sich an noch so kleine Details zu erinnern. In dringlichen Fällen wie Entführung oder Banküberfälle kann die Hypnose von

Zeugen die Ermittlungen beschleunigen. Es können aber auch harmlose Vergehen oder Autounfälle schneller aufgeklärt werden, wenn sich die Zeugen an Details aus dem Unterbewusstsein erinnern. Außerdem können Suggestionen dabei behilflich sein, Falschaussagen zu enttarnen.

Die forensische Hypnose kann bei empfindlichen Kindern oder Menschen mit psychischen Erkrankungen eine schonende und verlässliche Alternative bieten, um Aussagen von ihnen zu erhalten, ohne sie zu sehr zu belasten.

In Deutschland ist die Hypnose kein rechtlich zugelassenes Mittel vor Gericht. Allerdings können sich Zeugen freiwillig und privat hypnotisieren lassen und daraus gewonnene Informationen und Hinweise in ihre Aussage einfließen lassen.

Es gibt einige Aspekte, die gegen die rechtliche Zulassung der Hypnose als Ermittlungsmethode sprechen. Fragesteller könnten die Zeugen beispielsweise durch Suggestionen beeinflussen. Außerdem ist es möglich, dass Gedächtnisinhalte unbewusst und unabsichtlich verfälscht werden. So können hypnotische Erinnerungen Ermittler auf eine neue Spur bringen, deren Wahrheitsgehalt allerdings durch weitere Beweise überprüft werden sollte.

Straftaten durch Hypnose

Die Frage, ob Straftaten unter Hypnose möglich sind, kann nicht eindeutig beantwortet werden. Durch geschickte Manipulation lassen sich Menschen zu verschiedenen Taten und Handlungen verleiten, was aber auch ohne Hypnose möglich ist.

Grundsätzlich gilt, dass der Hypnotiseur durch Suggestionen eine Scheinwelt erschaffen und Aufträge erteilen kann, die auch ausgeführt werden. Allerdings ist die Verleitung zu Straftaten nicht möglich, wenn diese Verhaltensweisen dem Hypnotisanden stark widerstreben, da das Unterbewusstsein in diesem Fall nicht angesprochen wird.

Verbrechen an Hypnotisierten

Es gibt verschiedene Arten von Verbrechen, die angeblich an Hypnotisierten begangen wurden. Dazu zählen zum Beispiel Vergewaltigung oder auch Mord bzw. Selbstmord während einer Hypnose. Außerdem hat man auch schon von Fällen gehört, bei denen Menschen angeblich unter Hypnose ausgeraubt oder zu einer Unterschrift gezwungen wurden.

Doch wie bei Straftaten unter Hypnose, sind auch Verbrechen an Hypnotisierten nicht möglich, da die Hypnose nicht in der Lage ist, einen Menschen vollkommen willenlos zu machen. Für die Hypnose ist ein Zustand der Entspannung möglich und man muss sich darauf einlassen. Sowohl das Bewusstsein als auch das Unterbewusstsein üben eine schützende Funktion aus. Sobald eine Handlung dem Hypnotisanden widerstrebt, wird die Hypnose automatisch und augenblicklich beendet. Der Hypnotisand kann sich durch die Suggestionen zwar in einer Scheinwelt befinden und die Umgebung um ihn herum ausblenden, doch er ist nicht bewusstlos oder komplett willenlos.

Show- und
Bühnenhypnose

Bei einer Show- oder Bühnenhypnose handelt es sich um einen Hypnotisierbarkeitstest, der geschickt und unterhaltsam verpackt wird. Hierbei wird mit einer allgemeinen Tranceinduktion begonnen. Anschließend soll der Hypnotisierte in den meisten Fällen motorische Aufgaben erfüllen. So sollen zum Beispiel die Muskeln steif werden, um die sogenannte kataleptische Brücke zu ermöglichen. Bei der kataleptischen Brücke wird die Versuchsperson auf zwei Stühle gelegt, die nur den Nacken- und Fersenbereich stützen. Der Rest des Körpers ist nicht gestützt und bildet eine Brücke. Diese Aufgaben werden in der Regel von fast 90% aller Teilnehmer erfüllt. Daraufhin erfolgt bereits eine erste Auswahl der passenden Teilnehmer. Die Teilnehmer, die diese Aufgabe nicht erfüllen, sind nicht so leicht für Hypnose zugänglich und werden zurück ins Publikum gesetzt. Anschließend folgen weitere Tests. Bei den sensorischen Aufgaben sollen die Teilnehmer beispielsweise Rasierschaum essen, als wäre es Speiseeis. Das können nur etwa 50% der Personen, und nur diese dürfen an der Hypnose weiterhin teilnehmen. Im Anschluss daran erhalten sie kognitive Aufgaben, bei denen beispielsweise der eigene Name vergessen wird. Dies schaffen nur etwa 10% der Teilnehmer. So werden jene, die für die Hypnose besonders zugänglich sind, herausgefiltert. Mit diesen Personen führt der Hypnotiseur spektakulär wirkende Aufführungen durch. So suggeriert er beispielsweise der Versuchsperson, dass diese ein Hahn ist, woraufhin sie kräht.

Für den Erfolg der Showhypnose spielt die Bereitschaft der Menschen zur Gehorsamkeit ebenfalls eine entscheidende Rolle. In Experimenten wurde schon früh gezeigt, dass die Gehorsamsbereitschaft tief in unserer Psyche und Sozialstruktur verankert ist. Wenn zum Beispiel ein Polizist oder eine Leitungsperson eine Anweisung gibt, wird diese meist befolgt, ohne hinterfragt zu werden. Während der Hypnose ist der Hypnotiseur diese Leitungsperson und die Teilnehmer gehorchen ihm.

Doch auch bereits die Tatsache, dass die Personen eine Hypnose-Aufführung besuchen, ist eine Vorauswahl. Sie sind an dem Thema interessiert oder fasziniert davon und gehen schon mit einer Erwartungshaltung zur Show. Die Personen möchten unbedingt mitmachen und hypnotisiert werden. Zusätzlich haben sie auch vor der Show die Veranstaltung in ihrer Fantasie durchlaufen und somit bereits eine unbewusste Selbstinduktion vorgenommen. Sie haben sich in ihren Vorstellungen selbst auf der Bühne und unter Hypnose gesehen. Dadurch erlangt der Hypnotiseur noch vor der Show Macht über die Zuschauer in deren Unterbewusstsein.

Die Befolgung dieser Anweisungen liegt nur zum Teil an der Hypnose. Es gibt auch sozialpsychologische Faktoren, die zum Mitmachen anregen. Zum einen haben die Versuchspersonen Spaß daran, auf der Bühne zu stehen, und wollen sehen, ob die Hypnose auch bei ihnen funktioniert, weshalb sie erst einmal mitspielen. Zum anderen wollen sie auch kein „Versagen" auf der Bühne zeigen, wenn die Hypnose bei ihnen nicht funktioniert, bei den anderen Teilnehmern aber schon. Der Gruppenzwang trägt dazu bei, dass alle Personen aus der Gruppe die Anweisungen des Hypnotiseurs befolgen. Das Ausscheiden der Personen, bei denen die Hypnose in den einzelnen Tests nicht funktionierte, verstärkt das Gefühl des Versagens zusätzlich, und so wollen sich die Teilnehmer diese Peinlichkeit ersparen. Der Druck, der bei manchen Menschen dabei aufkommt, ist teilweise so groß, dass sie dazu bereit sind, auch peinliche und entwürdigende Aufgaben zu erfüllen.

Die Show- oder Bühnenhypnose bringt allerdings neben dem Unterhaltungsfaktor auch Gefahren und ethische Probleme mit sich. Viele Showhypnotiseure nutzen das Vertrauen der Teilnehmer aus und benutzen sie, um ihr Publikum zu belustigen. Somit führen die Versuchspersonen peinliche oder entwürdigende Aktionen aus, die ihnen erst im Nachhinein bewusst werden. Körperliche Schäden werden von einigen Hypnotiseuren ebenfalls in Kauf genommen. So kann es bei der kataleptischen Brücke zum Beispiel zu Schäden der Wirbelsäule kommen, da die empfindlichen Wirbel und Bandscheiben dabei stark belastet werden. Außerdem kann die Erinnerung an traumatische Erfahrungen während der Hypnose wieder aufkommen. Die betroffenen Menschen brauchen dann eine angemessene Begleitung aus dem Trauma durch einen Therapeuten, wozu der Showhypnotiseur nicht in der Lage ist. Zusätzlich wecken Showhypnotiseure unrealistische Erwartungen an die therapeutische Hypnose. Viele

Menschen erwarten, dass die therapeutische Hypnose genauso schnell wirkt wie im Fernsehen oder auf der Bühne und meinen, dass der Hypnotherapeut nicht so gut hypnotisieren kann wie der Showhypnotiseur.

Aus diesen Gründen ist die Showhypnose in einigen Ländern wie Schweden, England und Österreich verboten. In Deutschland wird diese Form der Hypnose von therapeutischen Hypnotiseuren und Ärzten kritisiert, ist aber dennoch zulässig.

Die Unterschiede zwischen der Showhypnose und der therapeutischen Hypnose lassen sich klar erkennen. Die Showhypnose hat das Ziel, das Publikum zu belustigen und somit möglichst viel Profit zu machen. Dabei ist es dem Hypnotiseur oft nicht wichtig, dass die Teilnehmer blamiert werden, und er strahlt dabei eine Autorität aus. Der therapeutische Hypnotiseur hingegen möchte dem Patienten helfen und bringt dabei seine unbewussten Ressourcen zum Vorschein. Dadurch werden die Selbstwirksamkeit des Hypnotisanden erhöht und seine Würde gestärkt.

Hypnose von Tieren

Bei der Tierhypnose handelt es sich um einen Teilbereich der Tierkommunikation, weshalb er in der Hypnose nur kaum belegt ist. Viele Hypnotiseure ordnen diesen Bereich eher der Esoterik oder der Parapsychologie zu.

Es sind nur wenige glaubhafte Beispiele bekannt, bei denen die Hypnose an Tieren so wirkt wie beim Menschen: wo Tiere in Trance versetzt werden und anschließend Suggestionen erhalten, die sie wirklich befolgen.

Es ist jedoch fraglich, ob bei Tieren ein Trancezustand wie beim Menschen erzeugt werden kann. Die Gehirne der meisten Tierarten können einen solchen Zustand technisch gesehen nicht erreichen. Außerdem befinden sich Tiere ohne jeglichen Einfluss bereits in einem Zustand, der dem Trancezustand des Menschen ähnelt. Neurologisch betrachtet wäre solch ein Zustand, der sich vom Normalzustand unterscheidet, nur bei Affen oder Delfinen möglich. Hierfür gibt es allerdings keine wissenschaftlichen Belege.

Da die Hypnose bei Tieren nicht den gleichen Effekt wie beim Menschen erzielt, wird bei der Tierhypnose nicht das Tier direkt hypnotisiert, sondern der Halter. Der Halter kann sich dann unter Hypnose mit dem Tier in Verbindung setzen, da er ihm näher ist als sonst. So kann er Hinweise über die Bedürfnisse und mögliche Schmerzen des Tieres erhalten. Das Tier befindet sich während der Hypnose neben seinem Besitzer und wird meist ebenfalls ruhig und konzentriert, wenn sich das Herrchen oder Frauchen in einem Trancezustand befindet. Diese Form der Hypnose soll das Verständnis und somit auch die Bindung zwischen Mensch und Tier verstärken. Viele Probleme des Tieres sind auf die Probleme des Halters zurückzuführen. Tiere verfügen über hoch entwickelte Sinne und spüren die Stimmungslage ihrer Besitzer. Ist der Halter angespannt oder gestresst, kann sich diese Gemütslage auch auf das Haustier übertragen. Daher ist es wichtig, dass der Halter seine Probleme bewältigt, die ihn daran hindern, mit dem Tier auch in schwierigen Situationen angemessen umzugehen. Somit kann er beginnen, Gelassenheit und Ruhe auszustrahlen.

Diese sogenannte Tierhypnose wird zum einen bei gesundheitlichen Problemen des Tieres eingesetzt, um zu ermitteln, warum das Tier Schmerzen hat oder sich nicht wohl fühlt. Zum anderen kann sie auch bei Verhaltensauffälligkeiten des Tieres hilfreich sein. Die Hypnose kann nützlich sein, um herauszufinden, warum ein Tier ein bestimmtes Verhalten zeigt. Durch dieses Wissen kann der Halter sein Verhalten und die Rahmenbedingungen, die zu den Verhaltensauffälligkeiten des Tieres führen, entsprechend ändern. Durch die Hypnose soll es auch möglich sein, dem Tier zu vermitteln, dass eine Verhaltensänderung für es vorteilhaft sein kann.

Das wichtigste Resultat dieser Hypnose-Form ist, dass der Mensch die Schmerzen und Empfindungen seines Haustiers selbst spürt und so dem Tier mehr Einfühlungsvermögen entgegenbringen kann. Die Hypnose kann allerdings nur dabei helfen, die Gründe für Schmerzen oder Unwohlsein aufzudecken. Für eine Behandlung muss das Tier dennoch zu einem Tierarzt.

Vorbehalte und Ängste gegenüber Hypnose

Mit Hypnose verbinden viele Leute Techniken, die sie in der Showhypnose gesehen haben. Mit der therapeutischen Hypnose haben sich die meisten jedoch nicht auseinandergesetzt. Durch diese Unwissenheit gibt es einige Vorbehalte und Ängste in Bezug auf die Hypnose.

Religiöse Bedenken gegen eine Hypnose

Bei vielen religiösen Zeremonien werden meditative Versenkungstechniken, die dem Trancezustand während der Hypnose ähneln, beim Beten oder zur Selbsterkenntnis eingesetzt. Verschiedene Religionsstifter, wie beispielsweise Jesus, bewiesen durch eigene Anwendungen wie wertvoll die Versenkung für die menschliche Selbsterkenntnis ist und dass Suggestionen zur Heilung verhelfen können. In der Bibel heißt es: „Da ließ Gott, der Herr, einen tiefen Schlaf auf den Menschen fallen, sodass er einschlief. Und er nahm eine von seinen Rippen und verschloss ihre Stelle mit Fleisch." Daraus lässt sich schließen, dass Adam von Gott in Hypnose versetzt wurde, um dessen Rippe ohne Schmerzen entnehmen zu können.

Dennoch gibt es viele Menschen, die religiöse Bedenken über die Hypnose äußern. So wird sie von ihnen unter anderem als okkult bezeichnet. Die religiösen Kritiker behaupten, dass die medizinische Anwendung der Hypnose nur eine Vertuschung ist und es den Hypnotiseuren lediglich darum geht, den eigenen Willen des Hypnotisanden auszuschalten und ihn zu manipulieren. Einige Menschen meinen, dass sie sich unter Hypnose an frühere Leben erinnert haben. Religiöse Personen bezweifeln jedoch, dass diese Erinnerungen wahr sind. Sie bezeichnen derartige Gedanken als Halluzinationen oder sogar als dämonische Einmischungen, da die Bibel der Vorstellung von Wiedergeburt widerspricht. Auch bei der Selbsthypnose gibt es religiöse Bedenken, da Menschen hier ebenfalls die normale Einschätzung der Wirklichkeit verlieren würden und keine vernünftige Selbstbeherrschung mehr hätten. Gläubige befürchten, dass die Hypnose den Menschen vom Glauben an Gott wegrückt und ihn stattdessen zum Hypnotiseur und seinen Suggestionen leitet. Eine weitere Angst besteht darin, dass Hypnose und Suggestionen zu Folterzwecken und einer Gehirnwäsche angewendet werden könnten.

Sofern religiöse Vorbehalte und Ängste vorliegen, ist eine Hypnose nicht möglich, da sich das Unterbewusstsein nicht auf den Trancezustand einlässt.

Ist Hypnose eine Fremdbeeinflussung?

Vor allem durch die Showhypnose verbinden viele Menschen mit der Hypnose eine Manipulation und Fremdbeeinflussung. In der Hypnose werden Suggestionen zwar häufig mit dem Wort Fremdbeeinflussung in Verbindung gebracht, hierbei ist aber nicht die Beeinflussung im Sinne der Manipulation gemeint. Der Ausdruck Fremdbeeinflussung wird für Suggestionen verwendet, die nicht während der Selbsthypnose, sondern während der Fremdhypnose genutzt werden.

Während der Hypnose liegt die Kontrolle über den Hypnotisanden vollständig bei ihm selbst, sodass keine Fremdbeeinflussung in Form einer Manipulation stattfinden kann. Das Bewusstsein ist nicht komplett ausgeschaltet und die Hypnose kann auch nicht gegen innere Grundüberzeugungen des Hypnotisanden angehen. Das Unterbewusstsein kennt den Lösungsweg, der für die jeweilige Person am besten ist, und lässt sich auch nicht durch fremde Einflüsse manipulieren.

Abhängigkeit vom Therapeuten

Der Patient begibt sich freiwillig in Hypnose und behält auch während des Trancezustands die völlige Kontrolle. Er kann die Hypnose jederzeit beenden und ist somit auch nicht vom Therapeuten abhängig. Wichtig ist, dass ein tiefes Vertrauensverhältnis zwischen Patient und Hypnotiseur aufgebaut wird, sodass sich die zu behandelnde Person über eine mögliche Abhängigkeit vom Hypnotiseur keine Sorgen zu machen braucht.

Kann es zu gesundheitlichen Schäden kommen und gibt es unangenehme Nachwirkungen?

Im Gegensatz zur Showhypnose, bei der es zu psychischen oder physischen Schäden kommen kann, gibt es bei der fachgerechten Durchführung einer therapeutischen Hypnose in den meisten Fällen keine gesundheitlichen Schäden. Die allgemeine Entspannung des Körpers führt sogar zu einer Heilwirkung und positiven Beeinflussung des Körpers.

In seltenen Fällen kann bei Patienten mit schlechter Konzentration eine leichte Müdigkeit auftreten, die allerdings rasch wieder verschwindet. Dies ist meist auch nur bei den ersten Behandlungen der Fall. Selten kann es durch Hypnose auch zu Angstzuständen, Kopfschmerzen und Schwindel kommen. In besonders seltenen Fällen kann es zudem passieren, dass bestimmte Dinge, die vor oder während der Hypnose passierten, vorübergehend vergessen werden.

Der Hypnotiseur sollte in jedem Fall gut ausgebildet sein und sich über Vorerkrankungen seiner Patienten erkundigen. Während der Entspannung im Trancezustand kann sich der Kreislauf verlangsamen, wodurch es bei Menschen mit sehr niedrigem Blutdruck zu Gefahren kommen kann.

Auch die Anwendung der Hypnose bei Personen mit Epilepsie oder Psychosen kann unerwünschte Nebenwirkungen mit sich bringen. Die meisten Menschen berichten nach der Durchführung der Hypnose jedoch von einem Gefühl der tiefen Ruhe und Entspannung.

Wacht man aus der Hypnose auch sicher wieder auf?

Es ist nicht möglich, in der Hypnose stecken zu bleiben oder nicht mehr aufzuwachen. Hypnose wird schon seit Hunderten von Jahren angewendet und es gab noch keinen Fall, bei dem der Hypnotisand nicht wieder wach geworden ist.

Selbst wenn der Hypnotiseur den Raum verlassen würde oder vergessen würde, den Patienten zu wecken, würde dieser automatisch in den Schlaf übergehen und dann selbstständig erwachen. In seltenen Fällen ist es möglich, dass der Hypnotisand in einen so tiefen Trancezustand, den sogenannten Esdaile-Zustand gelangt, dass er die suggerierten Anweisungen des Hypnotiseurs nicht mehr befolgen kann und somit ein Rapportabriss stattfindet.

Diese Situation ist allerdings völlig ungefährlich. Auch wenn eine Notsituation eintritt, wie zum Beispiel ein Feueralarm, erwacht der Hypnotisand sofort selbstständig aus seiner Trance und ist in der Lage zu fliehen. Der Trancezustand wird ebenfalls eigenständig beendet, sobald der Hypnotiseur mit dem, was er sagt oder tut, dem Willen oder den Werten des Hypnotisanden absolut widerspricht.

Werden bei der Hypnose Geheimnisse preisgegeben?

Normalerweise muss der Hypnotisand während der Hypnose nicht sprechen, sondern nur dem Therapeuten zuhören. Er kann sich nach der Hypnose auch an alles erinnern, was gesagt wurde. In Ausnahmefällen, wenn es zum Beispiel nötig ist, weit zurückliegende Ereignisse zu erkennen, ist es während der Sitzung erforderlich, dass der Hypnotiseur dem Hypnotisanden Fragen stellt. Allerdings werden keine Geheimnisse oder andere Dinge preisgegeben, über die der Hypnotisand nicht auch im wachen Zustand sprechen würde. Das Gehirn funktioniert auch während der Hypnose vollständig, somit hat jeder Mensch die Wahl, was er ansprechen möchte und was nicht. Ein gut ausgebildeter Hypnotiseur wird während der Hypnose auch nichts fragen, was nicht im Vorfeld besprochen wurde. Hinzu kommt, dass eine Schweigepflicht des Hypnosetherapeuten besteht, sodass er auch keine Geheimnisse oder andere Inhalte der Hypnose weitergeben darf.

Charakterveränderungen

Die Hypnose kann keine unerwünschte Veränderung des Charakters bewirken. Im Vorgespräch zwischen Hypnotiseur und Klient werden die Ziele der Hypnose besprochen und es werden nur jene Dinge suggeriert, die vom Patienten gewünscht werden. Suggestionen, die mit dem Charakter des Hypnotisanden nicht kompatibel sind, würden auch nicht angenommen und ausgeführt werden. Hypnose fördert die Entwicklung des eigentlichen, ursprünglichen Charakters des Hypnotisanden und hilft dabei fremde und verformende Einflüsse zu überwinden. So können Persönlichkeitsmerkmale, die zuvor unterdrückt wurden, gefördert werden, sofern dies vom Hypnotisanden gewünscht ist.

Hypnose in der Praxis

Wie bereite ich eine Hypnose vor?

Möchten Sie eine Fremdhypnose betreiben, besteht die wichtigste Vorbereitung der Hypnosesitzung im Beziehungsaufbau zum Klienten. Damit der sogenannte hypnotische Rapport störungsfrei zustande kommen kann, sollten Sie für eine entspannte und ruhige Atmosphäre sorgen. Vor der Hypnose erfolgt ein Gespräch mit dem Patienten, in dem unter anderem das Ziel der Hypnose besprochen wird. In diesem Gespräch informieren Sie sich auch über mögliche Gründe, die gegen eine Hypnose sprechen, wie beispielsweise Herzkrankheiten. Haben Sie sich genau über die Voraussetzungen und Wünsche des Klienten informiert, können Sie sich entsprechend auf die Hypnose vorbereiten und entscheiden, welche Suggestionen sinnvoll sind.

Im Vorfeld der Hypnose können Sie Ihren Klienten ein Informationsblatt aushändigen, in dem sich Antworten zu den wichtigsten Fragen und Ängsten finden. Vor Beginn der Hypnosesitzung sollten Sie den Raum entsprechend vorbereiten: die Beleuchtung dimmen, die Raumtemperatur auf ca. 21 °C einstellen, eventuell Musik im Hintergrund laufen lassen. Die Selbsthypnose ist für jeden Menschen leicht erlernbar, sofern er dafür offen ist. Falls Sie sich in Form einer Autohypnose selbst hypnotisieren möchten, sollten Sie sich zunächst etwas Bequemes anziehen und für eine angenehme Zimmertemperatur sorgen, damit Sie sich rundum wohlfühlen. Anschließend suchen Sie sich einen ruhigen Raum und begeben sich in eine entspannte Position, beispielsweise auf einem Stuhl oder Sofa. Sorgen Sie dafür, dass sie eine gewisse Zeit lang, etwa eine halbe Stunde, ungestört sind. Bevor Sie dann mit der eigentlichen Hypnose beginnen, überlegen Sie sich, welche Ziele Sie mit der Hypnose verfolgen und was Sie erreichen möchten. Bereiten Sie im Vorfeld Suggestionen vor, welche Sie auf Ihre Ziele abstimmen. Die Suggestionen sollten immer mit „Ich" beginnen sowie in der Gegenwart und positiv formuliert sein. Negationen müssen vermieden werden und die Suggestionen sollten möglichst kurz gehalten werden. Sie können die Suggestionen im Vorfeld aufzeichnen und während der Hypnose vorspielen. So können Sie sich besser auf ihren Inhalt konzentrieren und schneller den Trancezustand erreichen. Nach dieser Vorbereitung können Sie damit beginnen, sich in einen Trancezustand zu versetzen.

Das Vorgespräch und der Umgang mit Widerständen

Das Vorgespräch wird vor der Hypnose geführt und kann entweder in den ersten Hypnosetermin integriert werden oder an einem anderen Termin im Vorfeld stattfinden.

Bei dem Gespräch lernen sich Hypnotiseur und Hypnotisand das erste Mal persönlich kennen. Der

Therapeut hat während des Vorgesprächs die Aufgabe, möglichst viele, für die Hypnose relevante Informationen über den Klienten zu sammeln, um das Behandlungsziel festzulegen. Dadurch sollen spätere Missverständnisse und Enttäuschungen vermieden werden. Der Hypnotisand sollte vom Gelingen der Therapie überzeugt sein und dies weitergeben und ausstrahlen, sodass auch beim Klienten eine positive Einstellung zur Hypnose gegeben ist.

Anschließend erklärt der Therapeut den Ablauf der Hypnosesitzung, damit der Kunde weiß, was auf ihn zukommt und was er erwarten kann. Nachdem der Therapeut das Vorgehen ausführlich erklärt hat, kann der Klient seine Erwartungen und Vorerfahrungen in Bezug auf Hypnose äußern. Ein besonders umfangreiches Gespräch hilft dabei, die Beziehung und somit den Rapport zu verbessern.

Während des gesamten Gesprächs sollte der Hypnotiseur möglichst interessiert und vertrauenserweckend wirken, damit der Klient mit einem angenehmen Gefühl in die Hypnose startet. Zum Schluss hat der Klient die Möglichkeit, Bedenken zu äußern und Fragen zu stellen. In dieser ersten Kennenlernphase legt der Hypnotiseur den Grundstein für eine erfolgversprechende Hypnose, weshalb das Vorgespräch von großer Bedeutung ist.

Bei ängstlichen Klienten kann der Begriff „Hypnose" eine unbewusste Abwehrhaltung und Angst auslösen. In solchen Fällen kann das Wort durch „Vorstellungsübung" ersetzt werden, sodass solche Ängste vor der Hypnose gar nicht erst auftreten können.

Im Vorgespräch kann eine Einleitungsgeschichte, die sogenannte „Cover Story" verwendet werden, um den Klienten auf das zu behandelnde Problem vorzubereiten. Dabei wird im Gespräch ganz beiläufig eine Geschichte erzählt, in der die Probleme indirekt angesprochen werden, wodurch die Erinnerung des Klienten hervorgerufen wird. Geht es beispielsweise um ein Erlebnis des Klienten aus dessen Kindheit, in der er in einer ländlichen Gegend wohnte, werden diese Erinnerungen beiläufig herbeigeführt. Der Hypnotiseur kann dafür zum Beispiel von einem Urlaub berichten, den er auf einem Bauernhof verbracht hat, und dabei relevante Inhalte wie Tiere und das Ausmisten des Stalls mit einfließen lassen. Dadurch werden beim Klienten Erinnerungen und Gefühle wachgerufen, die er mit seiner Kindheit verbindet. In der darauffolgenden Hypnose wird es dem Klienten leichter fallen, sich an relevante Dinge zu erinnern, und Widerstände werden verringert. Diese Vorgehensweise erfordert genügend Informationen über den Klienten und ein gewisses Maß an Flexibilität.

Bei manchen Menschen zeigt sich während dieses Vorgesprächs bereits ein innerer Widerstand gegen Hypnose. Diese Personen versuchen dann, das Gespräch so lange zu verlängern, dass keine Hypnose mehr zustande kommen kann. Sollten Sie als Hypnotiseur solch einen Widerstand bemerken, ist es wichtig, den Ursachen dafür auf den Grund zu gehen. In den meisten Fällen richtet sich der Widerstand nicht gegen die Hypnose an sich, sondern gegen die Nähe, die während der Hypnose zwischen Hypnotiseur und Hypnotisand entsteht. Patienten, die sich über die bevorstehende Hypnose Sorgen machen, haben meist schon früh negative

Erfahrungen mit Beziehungen zu Menschen gemacht, von denen sie in gewisser Weise abhängig waren.

In einem solchen Fall ist es wichtig, dass Sie die Beziehung zu Ihrem Klienten weiter aufbauen und festigen, um diese Blockade mit der Zeit zu lösen und in weiterer Folge mit der Hypnose weiter zu arbeiten.

Es kann bei einigen Menschen auch ein Widerstand auftreten, wenn die Suggestionen zu autoritär oder direkt sind. Manche Menschen reagieren auf solche autoritären Anweisungen mit Trotz und einem inneren Widerstand. Sie wollen ihre Selbstbestimmung wahren. Bei solchen Personen kann es von Vorteil sein, indirekte Suggestionen anstelle von direkten eizusetzen und diese beispielsweise in eine Geschichte oder Fantasiereise einfließen zu lassen. Die richtige Kommunikation und Wortwahl ist ausschlaggebend, um einem derartigen Widerstand entgegenzuwirken. Dabei kann die Nutzung von verschiedenen hypnotischen Sprachmustern hilfreich sein und der Klient sollte eine gewisse Entscheidungsfreiheit spüren.

Ebenso kann ein Widerstand gegen die Suggestionen und die Hypnose auftreten, wenn diese der Persönlichkeit des Hypnotisanden widersprechen. Daher ist es wichtig, sich an den Klienten anzupassen. Sie sollten Ihre Sprache und den Kommunikationsstil an Ihren Klienten angleichen, was ein gewisses Maß an Flexibilität und Erfahrung erfordert. Eine standardisierte Tranceinduktion sollte nicht zum Einsatz kommen, stattdessen sollte jede Induktion an den jeweiligen Klienten angepasst werden.

Bei der Fremdhypnose beruhen sämtliche Einleitungsverfahren, sogenannte Induktionen, darauf, die Aufmerksamkeit des Klienten auf bestimmte Vorstellungen, Gedanken oder Empfindungen zu lenken. Bei fast allen Formen der Induktion treten Wahrnehmungsphänomene und physiologische Reaktionen auf, welche der Hypnotiseur beobachtet und dem Klienten permanent zurückmeldet, wodurch dieser in seiner positiven Haltung verstärkt wird.

Die Induktion erfolgt in der Regel in einer für den Klienten bequemen Haltung und kann im Liegen oder Sitzen durchgeführt werden. Da die meisten Therapiegespräche im Sitzen stattfinden, ist es sinnvoll, die Hypnose ebenfalls im Sitzen durchzuführen. Ein Platzwechsel könnte Anspannungen und negative Wirkungen zur Folge haben. Bei besonders verspannten Klienten kann ein Entspannungssessel, in dem sich die Person bequem zurücklehnen kann, hilfreich sein.

Es gibt eine Vielzahl verschiedener Einleitungstechniken, bei denen es wichtig ist, dass der Hypnotiseur zielorientiert und klar vorgeht.

Bei der direkten Hypnose werden vor allem optische Methoden (Augenfixierung, innere Bilder) oder akustische Techniken (monotone Laute, suggestive Äußerungen) verwendet. Suggestionen, bei denen sich der Hypnotisand auf bestimmte Empfindungen seines Körpers (Schwere, Wärme) konzentriert, sind ebenfalls zur Einleitung möglich.

Im Fall der indirekten Hypnose funktioniert die Induktion anhand einer beispielhaften Geschichte. Die

Suggestionen werden in die Geschichte eingebettet, in der detailreich beschrieben wird, wie eine fiktive Person in die Trance gelangt. Bei dieser Form erreicht der Hypnotisand oft überraschend und unmerklich den Trancezustand.

Sobald eine erste hypnotische Stufe durch diese Einleitungstechniken erreicht ist, kann eine Vertiefung durch gezielte verbale, suggestive Formulierungen herbeigeführt werden.

Neben diesen Formen der Hypnoseeinleitung gibt es auch die sogenannte Blitzhypnose. Bei dieser Form werden Schnellinduktionen genutzt, die dazu führen sollen, dass man den Trancezustand möglichst schnell erreicht. Während der Einleitung der Blitzhypnose gibt der Hypnotiseur eine Vielzahl von Suggestionen und Suggestibilitätstests. Führt der Hypnotisand alle Tests und Anweisungen aus, kann der Hypnotiseur die Trance besonders schnell einleiten. Die Blitzhypnose findet häufig in der Showhypnose Verwendung, aber auch selten in Therapiesitzungen.

Nach der Induktion, bevor die eigentliche Hypnose erfolgt, kann eine Ruheszene sinnvoll sein. Hierbei handelt es sich beispielsweise um eine entspannende Urlaubslandschaft. Zu Beginn befragen Sie den Klienten zu Einzelheiten aus seiner Urlaubsszene, wie Gerüche, Gebäude oder Landschaften. Anschließend beschreiben Sie den Klienten genau in dieser Szene. Sie können die Suggestion beispielsweise mit den folgenden Worten einleiten: „Sie befinden sich hier am Strand. Sie fühlen den warmen Sand unter Ihren Füßen." Diese Ruheszene kann bei besonders ängstlichen Patienten eingesetzt werden, um eine Entspannung und Reflexion zwischendurch zu ermöglichen.

Bei der Selbsthypnose führen Sie die Induktion eigenständig an sich selbst durch. Dabei fokussieren Sie Ihre gesamte Aufmerksamkeit und richten diese nach innen. Lösen Sie sich von Gedanken und Gefühlen der Anspannung oder Angst und konzentrieren Sie sich beispielsweise nur auf Ihre Atmung. Sie können zuvor ausgewählte Auto-Suggestionen und Visualisierungen nutzen, um Ihre körperlichen und psychischen Vorgänge zu beeinflussen und so in einen Zustand der Trance zu gelangen.

Suchen Sie sich einen ruhigen und ungestörten Raum und begeben Sie sich in eine angenehme Position. Beginnen Sie daraufhin die Induktion, indem Sie sich vollständig entspannen. Sie können dafür eine progressive Muskelentspannung verwenden. Dabei wird die gesamte Muskulatur tiefenentspannt, was sich vor allem auf das vegetative Nervensystem beruhigend auswirkt. Autogenes Training kann ebenfalls dabei helfen, eine Entspannung zu erlangen.

Haben Sie die Entspannung erreicht, können Sie die Fixierung der Augen nutzen, um Ihre Gedanken auf ein Minimum zu reduzieren. Suchen Sie sich einen Punkt im Raum und halten Sie Ihren Blick und Ihre Aufmerksamkeit nur auf diesen Punkt. Blenden Sie dabei den Alltag und die Umgebung möglichst vollständig aus. Langsam merken Sie, wie Ihre Augen immer müder werden und leicht zu brennen beginnen. Spüren Sie, wie Sie sich immer mehr entspannen und schließen Sie die Augen. Nun können Sie beginnen, langsam rückwärts von zehn bis null zu zählen und bei jeder Zahl immer mehr in Trance zu gelangen, bis Sie den Trancezustand erreichen, den Sie herbeiführen möchten. Im Anschluss daran können Sie mit Suggestionen und der eigentlichen Hypnose beginnen.

Anstatt sich auf einen Punkt im Raum zu fokussieren, können Sie sich auch auf Ihre Atmung konzentrieren. Atmen Sie gleichmäßig tief ein und wieder aus und spüren Sie, wie sich Ihre Bauchdecke senkt und wieder hebt. Konzentrieren Sie sich nur auf Ihre Atmung und blenden Sie auch hier Ihre gesamte Umgebung aus. Stellen Sie sich vor, wie Sie sich bei jedem Einatmen entspannen. Sie können sich dazu auch Bilder und Szenen vorstellen, welche auf Sie eine entspannende Wirkung haben, wie beispielsweise das Rauschen der Wellen am Meeresufer. Diese Bilder können Sie durch Suggestionen ergänzen. Suggerieren Sie sich zum Beispiel, dass sie frei sind und sich fallen lassen. Stellen Sie sich vor, wie die Anspannung mit jedem Ausatmen nach und nach aus Ihrem Körper verschwindet, bis Sie sich vollständig entspannen und den Zustand der Trance erreichen.

Die Schnellinduktion in der Blitzhypnose ist auch in der Autohypnose möglich. Dies erfordert jedoch viel Übung. Eine Möglichkeit dieser schnellen Einleitung ist das Verwenden von Suggestionen und Gefühlen, die das Hypnoseziel direkt widerspiegeln. Das Ziel sollte dabei im Inneren mit Bildern, Gerüchen und Gefühlen verbunden werden. Es ist es ebenfalls möglich, sich mit der Verwendung eines Codeworts schnell in Trance zu versetzen. Dafür lassen Sie sich zunächst von einem professionellen Hypnotiseur in Trance versetzen. Währenddessen wird im Unterbewusstsein ein Schlüsselwort verankert, durch welches Sie anschließend die Selbsthypnose innerhalb kürzester Zeit einleiten können.

Sind Sie in der Hypnose noch nicht so geübt und führen bei einem Klienten eine Ersthypnose durch, können Sie sich die physiologischen Müdigkeitsphasen von ca. 12 bis 16 Uhr und ab ca. 20 Uhr zunutze machen. Während dieser Tageszeiten sind wir in der Regel am müdesten und somit auch empfänglicher für die Induktion und Hypnose.

Bei Einleitungsverfahren mit Fokussierung, wie bei der Fixationsmethode, zeigt der Klient bestimmte physiologische Reaktionen. Diese beobachten Sie genau und melden sie dem Klienten zurück. Das führt dazu, dass der Hypnotisand in seiner Haltung verstärkt wird und weitere Suggestionen und Anweisungen bedenkenloser annimmt. Bei der Fixationsmethode, zum Beispiel, ermüden die Augen durch die Erschlaffung des Augenmuskels nach dem langem Betrachten eines Punktes. Können Sie dies beobachten, suggerieren Sie, dass die Augen immer schwerer und müder werden. Der Klient spürt, wie seine Augen müder werden und glaubt, dass diese Wirkung durch die Suggestion aufgetreten ist. Somit steigt sein Glauben an die Wirkung der Suggestionen und Hypnose und er nimmt weitere Suggestionen bereitwilliger an.

Beim sogenannten „Pacing and Leading" (Spiegeln und Führen) – einem Verfahren, wie sich der Hypnotiseur an den Hypnotisanden anpasst, um die Kooperation zu erleichtern – können ebenfalls die physiologischen Körperfunktionen des Klienten zur Unterstützung der

Einleitung genutzt werden. So passen Sie beispielsweise Ihr eigenes Atemtempo während der Kommunikation jenem des Klienten an. Nehmen Sie beim Hypnotisanden Anzeichen von Entspannung und somit eine ruhigere und tiefere Atmung wahr, verlangsamen auch Sie Ihren Atemrhythmus etwas. Dies hat zur Folge, dass der Klient seine Atmung wiederum verlangsamt und sich so noch tiefer entspannt.

Bei verbalen Suggestionen während der Einleitung können Sie die motorischen und physiologischen Vorgänge (Senken der Augenlider, reduzierte Gesamtmotorik) Ihres Klienten ebenfalls genau beobachten und zunehmend durch Suggestionen verstärken.

Einleitung durch verbale Suggestion

Die meisten Methoden zur Einleitung verwenden verbale Suggestionen, die fast immer mit optischen, haptischen oder vestibulären Reizen kombiniert werden. Die verbale Hypnose-Induktion kann durch monotone akustische Reize im Hintergrund, wie das Ticken einer Uhr, verstärkt werden. Eine musikalische Untermalung der Suggestionen mit einer meditativen Musik oder anderen Geräuschen wie einem sanften Rauschen von Wellen ist ebenfalls möglich.

Es gibt aber auch reine Verbalsuggestionen, bei welchen verbale Suggestionen direkter und indirekter Art genutzt werden können. Bei der Durchführung dieser Induktion hat der Hypnotisand seine Augen meist geschlossen, sie kann aber auch mit offenen Augen erfolgen. Möchten Sie diese Form verwenden, um Ihren Klienten in einen

Trance-Zustand zu führen, sollten Sie ihm ein Gefühl der Entspannung und Geborgenheit suggerieren. Es kann hilfreich sein, die Erfahrungen, die der Hypnotisand in seiner Ruheposition macht oder noch machen wird, detailliert zu beschreiben. So können Sie beispielsweise Aussagen tätigen wie: „Sie hören meine Stimme. Sie fühlen die Liege unter ihrem Körper." Achten Sie bei den Suggestionen darauf, möglichst viele oder am besten alle Sinne anzusprechen.

Die Suggestionen sollten wiederholt und mit einer monotonen, beruhigenden Stimme vorgetragen werden, sodass eine Reizmonotonie entsteht. Die Passagen der Entspannung werden entsprechend betont und Sie lassen nur kurze Pausen zu, sodass der Hypnotisand die Instruktionen als einen angenehmen Redefluss empfindet, bei dem er sich entspannen kann.

Sie können auch Prozesse wie die Atmung, die normalerweise unbewusst ablaufen, an die Suggestionen anpassen und so die Konzentration des Klienten umlenken. Die geringen motorischen und physiologischen Vorgänge des Klienten, wie zum Beispiel das Senken der Augenlider, werden genau beobachtet, verstärkt und sollten in die Suggestionen einfließen. Beobachten Sie, dass sich die Augenlider senken, suggerieren Sie beispielsweise, dass die Augen immer müder werden.

Um die Hypnose durch Suggestionen einzuleiten, können auch Stufen einer bestimmten Anzahl rückwärts gezählt werden. Dabei entspannt sich der Hypnotisand mit jeder Stufe etwas mehr, bis der Trance-Zustand erreicht wurde und die Induktion abgeschlossen ist.

Diese Einleitungsmethode zählt zu den wichtigsten, da sie sowohl als einzelnes Verfahren als auch in Kombination mit anderen Einleitungsmethoden angewendet werden kann. Bei manchen Menschen, wie beispielsweise Ausländern oder Schwerhörigen, kann eine Einleitung, die nur aus verbalen Suggestionen besteht, problematisch sein.

Die Faszinationsmethode

Die Faszinationsmethode ist sehr ähnlich wie die Fixationsmethode. Bei der Faszinationsmethode, auch Faszinationsinduktion genannt, wird der Klient meist dazu aufgefordert, dem Hypnotiseur tief in die Augen zu schauen. Während dieser Methode kann der Klient sowohl sitzen als auch liegen.

Dadurch stimuliert der Hypnotiseur die Erwartungshaltung des Hypnotisanden gezielt, um die Trance einzuleiten. Ist der Hypnotiseur dazu noch mystisch gekleidet und verwendet einen hypnotisch wirkenden Blick, wird die Faszination des Hypnotisanden für den Hypnotiseur zusätzlich gesteigert. Der sogenannte hypnotische Blick sollte dabei selbstbewusst, dominierend und faszinierend wirken. Die damit verbundene Erwartungshaltung kann ausreichend sein, um die Suggestibilität zu steigern und die Trance schnell und einfach herbeizuführen.

Zu Beginn wird dem Klienten das Verfahren erläutert. Der Hypnotiseur sagt, dass er sich gleich dem Hypnotisanden nähern und sich zu ihm hinunterbeugen wird. Er gibt dem Klienten die Anweisung, dass dieser tief in das linke oder rechte Auge des Hypnotiseurs schauen soll, ohne dabei zu blinzeln. Während der Klient in die Augen des Hypnotiseurs starrt, gibt dieser Suggestionen, die zum Beispiel die Schwere und Müdigkeit der Augen betreffen. Durch das Fixieren des einen Punktes, in diesem Fall das Auge, beginnt der Klient verschwommen zu sehen und seine Augen fangen an zu brennen. Dies beobachtet der Hypnotiseur und gibt es durch passende Suggestionen an den Hypnotisanden weiter, sodass dieser in seiner positiven Haltung verstärkt wird. Menschen haben eine gewisse Wohlfühlzone, in die andere Menschen im Normalfall nicht eindringen. Bei dieser Induktionsmethode dringt der Hypnotiseur bewusst in diese Zone ein. Er kann auch Körperkontakt aufbauen und zum Beispiel die Hände des Hypnotisanden halten. Zusätzlich wird bei dieser Methode die Zeitspanne des normalen Augenkontakts deutlich überschritten. Durch diese Gesamtsituation, die der Klient bei seinen alltäglichen Kontakten in der Form nicht gewohnt ist, kommt er in eine Lage, für die er kein übliches Reaktionsprogramm aufweisen kann. Dies führt dazu, dass er für die Suggestionen empfänglicher ist.

Diese Methode eignet sich nicht, wenn Sie durch das Fixieren eines Punktes schnell feuchte oder brennende Augen bekommen. Denn für den Hypnotisanden kann es befremdlich wirken, wenn er den Hypnotiseur mit Tränen in den Augen sieht. Um authentisch zu wirken, sollten Sie sich mit dieser und auch mit allen anderen gewählten Formen der Hypnose wohlfühlen.

Der englische Chirurg James Braid hat die erwähnte Methode und den resultierenden hypnotischen Zustand Mitte des 19. Jahrhunderts entdeckt. Zu dieser Zeit wurden nicht die Augen des Hypnotiseurs angestarrt, sondern ein heller und glänzender Gegenstand wie beispielsweise eine Kugel aus Glas oder Metall.

Diese Form der Einleitung entspricht der Vorstellung, die die meisten Menschen von Hypnose haben. Doch diese Art der Induktion ist veraltet und wird heutzutage nur noch selten angewandt, meistens nur bei der Showhypnose. Die Skepsis der Menschen hat zugenommen, daher würde so ein klischeehaftes Bild des Hypnotiseurs zu einer Abwehrhaltung des Klienten führen, wodurch der Übergang in den Trancezustand verhindert wird.

Die Fixationsmethode

Für eine erfolgreiche Hypnose ist das Schließen der Augen zwar nicht zwangsläufig notwendig, doch die Konzentration und auch die Vorstellungskraft wird dadurch erleichtert. Dies kann vor allem bei Klienten, die sich leicht ablenken lassen, und bei größeren Imaginationsanforderungen hilfreich sein.

Die Fixationsmethode ist eine Methode, um den Klienten in den Trancezustand zu führen. Bei dieser Methode soll der Hypnotisand ein Objekt (Finger, Stift, Kugel) oder einen bestimmten Punkt im Raum mit den Augen fixieren. Das Objekt sollte sich dabei mit einem Abstand von 20 bis 30 cm leicht oberhalb der Augen befinden. Zudem sollte der Punkt vor einem gleichmäßigen Hintergrund liegen, um Ablenkungen zu reduzieren. Bei befürchteten Widerständen kann der Hypnotisand den zu fixierenden Punkt gegebenenfalls selbst auswählen.

Die eigentliche Einleitung bei dieser Methode erfolgt durch Suggestionen wie: „Ihre Augenlider werden beim Betrachten des Pendels immer schwerer." Während sie schwerer werden, sollten die Augen durch passende Suggestionen möglichst lange offengehalten werden. Dürfen die Augen dann nach einiger Zeit endlich geschlossen werden, sinkt der Klient in einen schlafähnlichen Zustand der Entspannung, die Trance. Dabei sollte die Instruktion des Schließens der Augen nicht zu spät erfolgen.

Die Fingerfixationsmethode ist die am häufigsten eingesetzte Form der Fixationsmethode und die Grundform der anderen Varianten. Hierbei hält der Hypnotiseur seinen Zeigefinger mit einer Entfernung von etwa 20 cm vor die Stirn des Hypnotisanden und lässt diesen fixieren. Währenddessen gibt er Suggestionen zur Entspannung, die nach etwa ein bis vier Minuten erfolgt. Der Hypnotiseur sollte seinen Finger, der fixiert wird, sehr ruhig halten, damit die Fixation entspannt möglich ist. Dies kann für Anfänger und bei längeren Induktionen sehr anstrengend sein. Bei dieser Form sollte zudem berücksichtigt werden, dass sie eine körperliche Nähe zum Hypnotiseur erfordert, was einigen Klienten unangenehm sein könnte.

Bei der Fixation treten Veränderungen in der Wahrnehmung und physiologische Ermüdungserscheinungen auf. Durch das Fixieren eines Punktes über einen längeren Zeitraum hinweg tritt eine Reizmonotonie auf, durch die der Klient kein klares Bild mehr wahrnimmt, sondern alles wie durch einen Nebel sieht. Es tritt ebenfalls eine Ermüdung der Augen ein. Der Klient zeigt nach einiger Zeit Anzeichen von

Entspannung wie eine ruhigere und tiefere Atmung und ein vermehrtes Schlucken. Der Hypnotiseur nimmt diese wahr und meldet sie ihm zurück, sodass der Klient in der Wirkung bestärkt wird.

Die Fixationsmethode gilt als eine sehr alte, aber auch sehr effektive Methode. Sie kann ohne großen Aufwand eingesetzt werden, da sich überall ein möglicher Punkt für die Fixation finden lässt. Im Fernsehen wird diese Methode häufig fälschlicherweise durch ein schwingendes Pendel dargestellt. Das zu fixierende Objekt muss allerdings ruhig gehalten werden, da jegliche Bewegungen die Entspannung erschweren.

Das haptische Verfahren

Das haptische Verfahren zur Trance-Induktion zählt zu den ältesten Methoden der Hypnose und beruht auf Körperkontakt, weshalb Sie im Vorgespräch mit Ihrem Klienten abklären sollten, ob dies von ihm akzeptiert wird. Körperliche Berührungen könnten für den Hypnotisanden eventuell unangenehm sein.

Das haptische Verfahren wird meistens mit verbalen Suggestionen kombiniert und unterstützt diese. Berührungen des Hypnotiseurs können dem Hypnotisanden ein Gefühl der Geborgenheit vermitteln und so die Entspannung erleichtern. Diese Methode ist allerdings nicht für alle Klienten geeignet, da nicht jeder solche Berührungen von nahezu fremden Personen als beruhigend empfindet.

Beim haptischen Verfahren kann der Hypnotiseur suggerieren, dass bestimmte Körperteile immer schwerer werden. So sagt er zum Beispiel: „Ihr Arm wird immer schwerer und schwerer." Während er dies sagt, streicht er mit seiner Hand von der Schulter bis zur Hand des Hypnotisanden langsam abwärts und suggeriert dabei, dass der Klient spürt, wie der Arm bei jedem Streichen immer schwerer wird. Ein sanfter Druck auf die geschlossenen Augenlider kann die Schwere der Lider intensivieren.

Eine Abwandlung der haptischen Induktion ist die haptische Induktion mit gekreuzter Verwirrung. Bei dieser Form setzt sich der Klient bequem hin und soll anschließend die Hände mit den Handflächen auf die Oberschenkel legen. Dann wird er dazu aufgefordert, genau zu fühlen, was seine Hände wahrnehmen. Er soll beschreiben, wie sich seine Hose anfühlt. Dabei soll er auch mögliche Unterschiede zwischen der linken und rechten Hand wahrnehmen. Dies sollte am besten mit geschlossenen Augen erfolgen. Im nächsten Schritt soll sich der Hypnotisand auf die Wahrnehmung in seinen Oberschenkeln konzentrieren. Er beschreibt, wie sich die Hände auf den Oberschenkeln anfühlen und geht auch hierbei auf die unterschiedlichen Empfindungen des linken und rechten Oberschenkels ein. Der Klient muss sich auf seine Körperwahrnehmung konzentrieren und es wird ihm schwerfallen, sich von den intensiv spürbaren Händen auf die Bereiche der Oberschenkel, welche sensorisch weniger stimuliert sind, zu fokussieren. Im darauffolgenden Schritt wird zwischen den einzelnen Regionen immer hin und her gesprungen, sodass beim Hypnotisanden eine zunehmende Überforderung der Vorstellungskraft eintritt und er sich nach und nach in eine Trance begibt.

Vestibuläre Reize können ebenfalls zur Tranceinduktion eingesetzt werden. So kann durch Drehen des Körpers oder des Kopfes der Gleichgewichtssinn stimuliert werden. Der dadurch entstehende Schwindel oder die resultierende Verwirrung werden von einigen Menschen als angenehm und hilfreich für die Trance empfunden, sodass der Trancezustand ermöglicht wird. Eine gleichmäßige Bewegung des Körpers kann beruhigend und hypnotisierend wirken. Dies lässt sich vergleichen mit dem sanften Wiegen eines Kindes, welches dadurch beruhigt wird.

Bei der Blitzhypnose ist das Gleichgewicht ein wichtiger Punkt. Die sogenannte „Umfalltechnik" kann durch eine Irritation des Gleichgewichtsorgans im Innenohr zu einem tiefen Trancezustand führen. Diese Technik sollte von Anfängern im Bereich der Hypnose am besten mithilfe einer zweiten Person und unter professioneller Aufsicht durchgeführt werden.

Dieses Einleitungsverfahren wird auch häufig in der Show- bzw. Bühnenhypnose verwendet. Dabei stehen Sie und der Hypnotisand beieinander und Sie bringen ihn durch eine spezielle Handbewegung am Kopf dazu, nach hinten zu kippen. Dies führt in vielen Fällen zu einem spontanen Eintreten der Trance. Es ist wichtig, den Hypnotisanden aufzufangen, da er in einen kataleptischen Zustand gerät, bei dem sein ganzer Körper steif wird. Alle Reflexe, durch die er seinen Sturz selbst abfangen könnte, werden ausgeschaltet. Wurde der Hypnotisand sicher am Boden abgelegt, können Sie den Trancezustand gegebenenfalls vertiefen und mit der eigentlichen Hypnose beginnen. Durch diese Form der Einleitung werden meist spontan sehr tiefe Trancezustände erreicht, die für therapeutische Zwecke allerdings nicht den optimalen Ausgangspunkt darstellen. Bei derart starken Trancetiefen sind häufig nur kurzfristige Effekte möglich, welche nach Beenden der Hypnose meist schnell wieder vergehen. Um einen therapeutischen Erfolg zu erzielen, ist es daher sinnvoll, den Trancezustand in eine andere, längerfristig wirkende Ebene zu führen.

Diese Technik in der Blitzhypnose funktioniert in der Regel nur im Stehen, da die leichte Desorientierung, welche für den gewünschten Effekt wichtig ist, erst entstehen kann, wenn der Hypnotisand nach hinten zu kippen beginnt. Im Sitzen ist die Technik nur sehr bedingt möglich.

Auf diese Einleitungsform reagieren etwa 30 bis 60 % der Menschen, allerdings gehen nicht alle davon nach dem Umkippen in eine tiefe Trance über. Bei manchen schaltet sich beim Kippen nach hinten der Schutzreflex ein, wodurch sie wieder vollkommen wach werden.

Wird die Umfalltechnik im Sitzen durchgeführt, sitzt der Hypnotisand auf einer Liege und Sie drücken mit Ihrem Zeigefinger leicht in den mittleren Bereich seines Rückens. Anschließend geben Sie ihm die Suggestion, dass er spürt, wie er an der zuvor berührten Stelle nach hinten gezogen wird. Währenddessen haben Sie Ihre Hand oberhalb der Augen des Hypnotisanden platziert und nähern sich mit dieser während der Suggestion den Augen an. Der zuvor erzeugte Druck im Rücken ist noch einige Zeit im Nachhinein spürbar und der Hypnotisand hat den Eindruck, dass ihn dort tatsächlich etwas nach hinten zieht. Gleichzeitig entsteht ein Ausweichreflex, indem Sie sich mit Ihrer Hand den Augen des Hypnotisanden vorsichtig nähern. Der Hypnotisand ist von der Suggestion, vom spürbaren Druck im Rücken und von der näherkommenden Hand irritiert, wodurch er sich letztendlich nach hinten fallen lässt. Sie fangen den Hypnotisanden auf und legen ihn sanft auf der Liege ab. Anschließend können Sie mit der Vertiefung und der Hypnose beginnen.

Bewusstseinsverändernde Substanzen

Die meisten bewusstseinsverändernden Substanzen, die in der Hypnose eingesetzt werden oder wurden, sind illegal, weshalb von ihrem Einsatz abzuraten ist. Die Arbeit mit solchen Substanzen wurde im Schamanismus häufig eingesetzt, findet bei professionellen Hypnotiseuren aber keine Anwendung. Solche Substanzen, wie beispielsweise Drogen, lösen beim Hypnotisanden erweiterte Bewusstseinszustände aus, für die er noch nicht bereit ist, da er, wenn er dafür bereit wäre, diese Zustände gezielt herstellen könnte. Hypnotiseure, die diese bewusstseinsverändernden Substanzen anwenden, haben den Umgang mit ihnen nicht erlernt und erhoffen sich durch ihren Einsatz eine schnellere Einleitung der Trance. Dies kann jedoch gefährliche und gesundheitliche Schäden mit sich bringen.

Statt dem Einsatz von Drogen nutzen einige Hypnotiseure die sogenannte Narkohypnose, bei der Narkotika als Hilfsmittel zur Tranceinduktion genutzt werden. Bei dieser Methode verzichtet der Hypnotiseur auf eine reguläre Einleitung der Hypnose und setzt stattdessen betäubende Medikamente ein, die beim Hypnotisanden einen ähnlichen Zustand wie die hypnotische Trance erzeugen. Im Anschluss daran erfolgt eine Behandlung wie bei einer herkömmlichen Hypnose.

Diese Induktionstechnik der Narkohypnose ist bereits über 100 Jahre alt und wurde anfangs mit Chloroform oder Äther durchgeführt. Damals gab es auch schon viele Ängste gegenüber der Hypnose und es dauerte in einigen Fällen relativ lange, bis der Klient in einen Trancezustand überging oder überhaupt dazu bereit war, in eine Trance zu gelangen. Daher nutzten einige Hypnotiseure eine geringe Dosis eines Narkotikums, um die Induktion abzukürzen. In der Regel waren viele Menschen damit schneller hypnotisierbar und aufgrund der geringen Menge des Narkotikums kam es üblicherweise zu keinerlei Nebenwirkungen.

Heute wird die Narkohypnose nur noch selten oder gar nicht mehr angewandt. Die Durchführung erfolgt höchstens noch ausschließlich im klinischen Umfeld und wird von Ärzten mit einer Berechtigung zum Umgang mit solchen Betäubungsmitteln vollzogen (z. B. in psychiatrischen Kliniken).

In einer herkömmlichen Hypnosepraxis ist die Narkohypnose üblicherweise nicht zu finden, obwohl sie in einigen Fällen hilfreich sein könnte. Insbesondere bei Menschen, die auf gängige hypnotherapeutische Verfahren relativ schwach reagieren und bei denen dennoch ein hoher Therapiebedarf besteht, kann die Narkohypnose von Vorteil sein.

In den 60er Jahren waren narkohypnotische Medikamente mit Drogen wie LSD vor allem in den USA sehr beliebt. Heute werden sie aufgrund des Verbotes dieser Substanzen in der Hypnose nicht mehr eingesetzt. Nach diesem Verbot wurde versucht, die Wirkstoffe durch eine Induktion ohne Medikamente wie das holotrope Atmen, eine Hyperventilationstechnik, zu ersetzen. Diese Methoden erwiesen sich jedoch als nicht so wirksam wie der Einsatz von narkohypnotischen Medikamenten und waren ebenfalls sehr gefährlich, da beispielsweise ein Herz-Kreislauf-Versagen auftreten konnte. Daher sind diese Techniken in einigen Staaten der USA ebenfalls verboten.

Der Begriff „Biofeedback" leitet sich vom altgriechischen „Bios" (das Leben) und vom englischen Wort „Feedback" (Rückmeldung) ab. Die Biofeedback-Therapie wurde ursprünglich als selbstständige Therapie entwickelt, mit welcher der Klient lernen sollte, seinen Körper oder seine Gefühle mit Hilfe technischer Unterstützung besser zu kontrollieren.

Beim Biofeedback werden spezielle Geräte genutzt, die Körpersignale, welche vom autonomen Nervensystem gesteuert werden, messen und wahrnehmbar machen. Das Gerät misst den psychologischen Zustand des Menschen über verschiedene Parameter, wie beispielsweise den Herzschlag und die Hauttemperatur, und gibt diesen über ein optisches oder hörbares Signal wieder. Ein bekanntes Biofeedback-Gerät ist beispielsweise der Lügendetektor.

Vor mehreren Jahren begannen einige Hypnotiseure Biofeedback mit der Hypnose zu kombinieren, da sie erkannten, dass die Geräte nicht nur für die Eigenanwendung verwendet werden können, sondern auch hilfreich zur Messung der Entspannungstiefe während der Hypnose sind.

Der Einsatz eines Biofeedback-Gerätes bei der Hypnose bringt einige Vorteile mit sich. So kann der Hypnotiseur damit erkennen, wie entspannt sein Klient ist. Außerdem kann er im Anschluss an die Hypnose dem Klienten den Entspannungsverlauf während der Hypnose zeigen und somit verdeutlichen, dass die Hypnose eine Wirkung im Körper erzielt hat. Vergleicht der Hypnotiseur die

Messergebnisse mehrerer Sitzungen miteinander, kann er erkennen, ob es eine Verbesserung des Tranceverhaltens und der Entspannungsfähigkeit des Klienten im Laufe mehrerer Anwendungen gab. Die Arbeit mit diesem apparativen Verfahren ist daher sowohl für den Hypnotiseur als auch für den Hypnotisanden sehr vorteilhaft und ermöglicht eine präzisere Arbeit.

Möchten Sie bei Ihren Hypnosesitzungen ein Biofeedback-Gerät einsetzen, müssen Sie teilweise mit hohen Anschaffungskosten rechnen und sich im Vorfeld über geeignete Geräte informieren, da nicht alle von ihnen beispielsweise Kurven am Computer darstellen können. Diese Darstellung ist jedoch wichtig, um dem Klienten im Anschluss an die Sitzung den Entspannungsverlauf zu demonstrieren.

Die Biofeedback-Methode ist frei von Nebenwirkungen und wird besonders bei Kindern ab sechs Jahren und Menschen mit Behinderung empfohlen, da sie häufig positiv auf diese Behandlungsform reagieren. Die Methode kommt beispielsweise bei Aufmerksamkeitsproblemen, Konzentrationsstörungen oder dem Abbau von Spannungen zum Einsatz.

Neben den herkömmlichen Biofeedback-Geräten gibt es noch eine Vielzahl weiterer Möglichkeiten zur Messung und Dokumentation der Wirkung von Hypnose. Die klassischen Biofeedback-Geräte werden vor allem bei Entspannungsanwendungen mit Hypnose eingesetzt, während andere Geräte auch die Aktivitäten einzelner Gehirnareale oder Reaktionen des Körpers messen können.

Als Telepathie wird die Vermittlung von Informationen, Gefühlen und Gedanken zwischen Lebewesen ohne die Beteiligung bekannter Sinnesorgane bezeichnet. Die telepathische Hypnose wird meist als sogenannte Fernhypnose durchgeführt, bei der der Hypnotiseur und der Hypnotisand nicht in direktem Kontakt zueinander stehen. Bei der Fernhypnose erfolgt die Hypnose über eine telepathische Verbindung, also eine Gedankenübertragung.

Verschiedene Menschen lassen sich unterschiedlich gut durch Telepathie hypnotisieren. Der Erfolg dieser Hypnoseform hängt stark vom Hypnotisanden ab, von seinen Fähigkeiten, sich entspannen und fallen lassen zu können, und von seiner Hypnotisierbarkeit. Die starke Form der Telepathie, die für diese Hypnose notwendig ist, kann nur wirken, wenn sich der Hypnotisand konzentriert fallen lassen und sein Inneres öffnen kann, um die energetischen Schwingen aufzunehmen. Daher ist ein wichtiger Aspekt, dass der Hypnotisand dem Hypnotiseur vertraut, denn nur dann können Gedanken und Energien über Telepathie übermittelt und aufgenommen werden. Es kann hilfreich sein, sich während der Fernhypnose-Sitzung in einer gewohnten Umgebung aufzuhalten, in der man Ruhe und Entspannung verspürt.

Eine Manipulation durch Fernhypnose gegen den eigenen Willen ist wie bei der herkömmlichen Hypnose nicht möglich. Wird die Hypnose per Gedankenübertragung abgelehnt, sind die Induktion und ein Erreichen des Trancezustands nicht möglich.

In der experimentellen Hypnose gibt es eine Vielzahl von Versuchen, die die Wirksamkeit der telepathischen Hypnose bestätigen. Allerdings muss erwähnt werden, dass die Fernhypnose für unterschiedliche Zwecke unterschiedlich gut funktioniert. So ist die Induktion der Hypnose per Telepathie meist schon von relativ unerfahrenen Hypnotiseuren durchführbar. Komplexere Aufgaben erfordern jedoch mehr Übung und eventuell auch ein gewisses Talent des Hypnotiseurs.

Gemischte Verfahren (autogen – heterogen)

Bei den gemischten Verfahren handelt es sich in der Regel um eine Kombination der gängigen heterogenen Tranceinduktion mit Elementen autogener Verfahren wie dem autogenen Training.

Das autogene Training wird auch als eine Form der Selbsthypnose bezeichnet. Mit dieser Art des Trainings soll durch die Kraft der eigenen Gedanken ein Gefühl der Ruhe und Entspannung erzeugt werden. Dies erfolgt in der Regel durch Selbstsuggestionen. Sie können die autogenen Entspannungsfähigkeiten Ihres Klienten für Ihre Hypnose nutzen, um die Tranceinduktion zu vereinfachen. Dafür sollte der Hypnotisand allerdings bereits mit dem autogenen Training vertraut sein. Lassen Sie den Hypnotisanden während der Hypnosesitzung durch das autogene Training einen Zustand der Entspannung erreichen und nutzen Sie diesen Zustand anschließend für die Tranceinduktion, die dadurch schneller erfolgen kann.

Die Kombination von Selbsthypnose mit Fremdhypnose ist nicht nur für die Induktion sinnvoll, sondern kann auch zu einem schnelleren Erreichen des gewünschten Ziels führen. Dabei wird die Selbsthypnose zusätzlich zu hypnotischen Sitzungen mit einem Hypnotiseur durchgeführt. So kann der Klient auch zwischen den Sitzungen von der Hypnose zu Hause profitieren, wodurch die Hypnosewirkung beschleunigt und intensiviert wird.

Kombination von Einleitungsverfahren

In vielen Fällen macht es Sinn, mehrere Einleitungsverfahren kombiniert einzusetzen. Mit der Einleitung durch verbale Suggestionen lassen sich viele andere Einleitungsverfahren miteinander kombinieren. Bei der Faszinationsmethode können Sie dem Hypnotisanden schon vorher ankündigen, dass dieser gleich tief in Ihre Augen schauen wird. Schaut der Klient in Ihre Augen, können Sie ihm weiterhin suggerieren, dass die Augen immer müder werden.

Bei der Fixationsmethode können Sie dem Klienten suggerieren, dass seine Augen beim Betrachten des Gegenstands langsam immer müder und schwerer werden. Das haptische Verfahren wird ebenfalls meist in Kombination mit verbalen Suggestionen angewandt, wobei Sie Suggestionen äußern, dass die berührten Körperteile immer schwerer werden. Bei einer Einleitung mit vestibulären Reizen vermitteln Sie dem Hypnotisanden durch Suggestionen zum Beispiel, dass er nach hinten gezogen wird, bis er sich schließlich fallen lässt.

Die Fixationsmethode lässt sich ebenfalls gut mit anderen Methoden kombinieren bzw. an sie anschließen.

Bemerken Sie beispielsweise nach der Anwendung der Einleitung durch verbale Suggestionen, dass der Klient seine Augen trotz entspannter Körperhaltung gelegentlich wieder öffnet, können Sie die Fixationsmethode nutzen, um eine Ermüdung seiner Augen zu erzeugen.

Das apparative Verfahren mit der Biofeedback-Methode wird ebenfalls in Kombination mit anderen Verfahren angewendet. Biofeedback-Geräte messen zum Beispiel die Entspannungstiefe, die durch andere Einleitungsverfahren erreicht wurde.

Das fraktionierte Einleitungsverfahren

Das fraktionierte Einleitungsverfahren wurde 1898 von Oskar Vogt, dem Gründer des „Institut für Hypnotismus" in Berlin, entwickelt und 1902 von seinem Assistenten Brodmann benannt.

Im Rahmen des fraktionierten Einleitungsverfahrens bzw. der fraktionierten Hypnose wird die Hypnose immer wieder unterbrochen und anschließend fortgesetzt. Bei dieser Form bringen Sie Ihren Klienten zunächst durch ein anderes Einleitungsverfahren, in der Regel die Fixationsmethode, in einen Trancezustand und lassen ihn dann durch Öffnen der Augen zurück in einen nahezu wachen Zustand gelangen. Die Hypnose wird nicht vollständig zurückgeführt, sondern nur partiell. Der Klient befindet sich weiterhin in einem Entspannungszustand nachdem er seine Augen öffnet und Sie fragen ihn nach seinen bisher in der Hypnose erlebten Sensationen. Anschließend führen Sie ihn wieder in einen Trancezustand und können an die bisherigen

Erfahrungen des Hypnotisanden anknüpfen. So können Sie die am deutlichsten empfundenen Phänomene zum Schwerpunkt Ihrer nächsten Suggestionen machen. Auf diese Weise werden mehrere Teilhypnosen durchgeführt und mit jeweils spezifischer Verstärkung aneinandergereiht. Durch diese Methode lassen sich nach und nach immer tiefere Trancestadien erreichen.

Durch das fraktionierte Einleitungsverfahren lassen sich auch bei Menschen, die als schwieriger hypnotisierbar gelten, leicht relativ tiefe Trancen erreichen. Die Wirkung der fraktionierten Hypnose beruht hauptsächlich auf den Unterbrechungen und dem Wiedereintreten in den Trancezustand und nicht auf Suggestionen, weshalb sie auch ohne viele verbale Suggestionen auskommt. Allerdings kann dieses Verfahren durch stimmige Suggestionen noch intensiviert werden. Die Vorteile dieser Methode bestehen darin, dass die Trance relativ schnell vertieft werden kann und auch sehr tiefe Trancestufen erreicht werden können.

Empfehlung für ein breit anwendbares Verfahren

Es gibt kein universelles Einleitungsverfahren, welches bei jedem Menschen wirkt. Daher ist es sinnvoll, verschiedene Einleitungstechniken zu erlernen und zu erproben. So lernen Sie die Grenzen und Möglichkeiten der unterschiedlichen Methoden am besten kennen und erhalten ein breites Spektrum an Techniken, die Sie auch kombinieren können.

Welche Methode am besten für die Induktion geeignet ist, hängt vom Klienten und von den näheren Umständen ab. Auch Ihre eigenen Überzeugungen sind ausschlaggeben dafür, ob die gewünschte Trancetiefe erreicht werden kann. Wählen Sie eine Induktionsmethode, welche Sie nicht authentisch vermitteln können, merkt das der Klient und er wird keine tiefe Trancestufe erreichen können. Bei allen Induktionsverfahren ist es wichtig, dass beim Hypnotisanden ein Gefühl der Geborgenheit und Sicherheit aufkommt, was durch Suggestionen bewirkt werden kann.

Als breit anwendbares Verfahren können bei der direkten Methode verbale Suggestionen in Verbindung mit anderen Einleitungsverfahren wie der Fixationsmethode eingesetzt werden. In der Regel sind diese Suggestionen direkter Art, wie beispielsweise: „Sehen Sie einfach nur auf diesen Punkt." Diese direkten Induktionsmethoden arbeiten allerdings mit genauen autoritären Anweisungen, welche bei einigen Klienten zu Abwehrreaktionen führen können. Das autoritäre Auftreten des Hypnotiseurs kann unter Umständen den kindlich-regressiven Anteil des Hypnotisanden ansprechen, wodurch als eine Art Trotzreaktion eine Gegenwehr gegen diese Anweisungen auftritt. Daher ist es wichtig, dass Sie mit Ihrem Klienten zuvor die gewählte Methode besprechen und seine Haltung dazu erfragen bzw. ob er mit dem gewählten Verfahren einverstanden ist.

Im Verfahren der indirekten Induktionen werden universelle Verfahren als unrealistisch gesehen und daher abgelehnt. Die indirekten Induktionsmethoden betonen die Einzigartigkeit des Klienten sowie die vertrauensvolle Beziehung zwischen Hypnotiseur und Hypnotisand. Dabei werden indirekte Suggestionen genutzt, bei denen die Gedanken eigene Wege gehen dürfen. Bei diesem

Verfahren ist es wichtig, dass Sie genau auf die Reaktionen Ihres Klienten achten und darauf eingehen.

Allgemein sind einige Aspekte bei nahezu allen Einleitungsverfahren zu beachten. So ist es zum Beispiel, ganz gleich welches Verfahren zur Einleitung Sie nutzen, wichtig, dass Sie den Fokus Ihres Klienten auf die Entspannung seines Körpers lenken. Dies kann beispielsweise durch Suggestionen erfolgen. Ist die körperliche Entspannung gegeben, sollten Sie zusätzlich eine geistige Entspannung des Hypnotisanden erzielen. Sobald diese beiden Formen der Entspannung herbeigeführt sind, ist eine Induktion der Trance besser möglich.

Hat Ihr Klient bisher noch keine Erfahrungen mit Hypnose gemacht, ist er in der Regel noch etwas befangen und verunsichert. Dies merken Sie oft daran, dass er ab einer gewissen Trancetiefe plötzlich die Augen wieder öffnet und beispielsweise sagt, dass es nicht funktioniert. Somit zeigt der Hypnotisand einen Widerstand gegen die zunehmende Entspannung. In solch einem Fall stellt das fraktionierende Verfahren eine geeignete Methode dar, da diese Methode mit Unterbrechungen in der Hypnose arbeitet. Diese durch den Hypnotisanden herbeigeführten Unterbrechungen können Sie sich zunutze machen und den Klienten immer wieder in die Trance zu führen, bis die gewünschte Trancetiefe erreicht ist.

Egal, für welches Verfahren zur Einleitung Sie sich entscheiden, wichtig ist, dass Sie und auch der Hypnotisand sich mit der gewählten Methode wohlfühlen. Daher sollten Sie sich nicht auf ein einziges Verfahren beschränken, sondern für jeden Klienten individuell gucken, welches das geeignetste Verfahren ist.

Um das passende Verfahren für den jeweiligen Klienten zu finden, können Sie im Vorfeld sogenannte Suggestibilitätstests durchführen. Durch diese Tests lässt sich die Empfänglichkeit eines Klienten für die Hypnose, die Suggestionen und auch die Induktion einschätzen. Zusätzlich helfen die Suggestibilitätstests dabei, den Klienten von der Wirksamkeit der Hypnose zu überzeugen. Durch diese zunehmende Hypnoseerfahrung des Hypnotisanden wächst sein Vertrauen in den Hypnotiseur und dessen hypnotische Fähigkeiten, sodass er die Suggestionen besser annimmt und somit tiefere Trancestadien erreichen kann. Der Hypnotisand befindet sich nach dem Test bereits in einer Art „Basistrance", wodurch die eigentliche Induktion schneller und intensiver verlaufen kann.

Es gibt eine Vielzahl verschiedener Suggestibilitätstests, die Aufschluss über die Empfänglichkeit verschiedener Verfahren geben. Tests wie der „Händefalttest" oder die „Magnetischen Finger" lassen erkennen, wie gut die ideomotorischen Fähigkeiten (durch Vorstellung ausgelöste Handlungen oder Bewegungen) des Hypnotisanden sind. Andere Tests hingegen geben eher Rückschlüsse über die Vorstellungskraft und die Bereitschaft des Unterbewusstseins die Suggestionen anzunehmen.

Die Gefahr einer fehlerhaften Einleitung

Bei einer Blitzinduktion besteht die Gefahr, dass der Hypnotisand zu schnell und tief in die Trance geht, dass er einfach umfällt und sich ernsthaft verletzt. Daher sollten Sie bei allen Induktionen, bei denen Ihr Klient steht, besonders vorsichtig sein. Führen Sie eine Einleitung im Stehen aus, sollten Sie eventuell eine zweite Person hinzuziehen, die den Hypnotisanden auffangen kann. Damit solche Gefahren gar nicht erst auftreten können, empfiehlt es sich aber, die Induktion im Liegen oder Sitzen durchzuführen.

Bei bereits bestehenden gesundheitlichen Problemen können durch die Einleitung für den Hypnotisanden gesundheitsgefährdende Folgen auftreten. Dies ist beispielsweise der Fall, wenn der Klient an Herz-Kreislaufproblemen oder einem niedrigen Blutdruck leidet, da der Blutdruck während der Trance sinkt. Das Auftreten epileptischer Anfälle kann durch einige Induktionstechniken und die Tiefe Entspannung ebenfalls begünstigt werden. Um solche Gefahren zu vermeiden, ist es wichtig, dass Sie sich im Vorfeld über alle gesundheitlichen Probleme Ihres Klienten genau informieren.

Nutzen Sie die Fixationsmethode, ist die richtige Wahl des Fixationspunktes wichtig. Ein Punkt mit hohen Generalisierungsquotienten kann unter Umständen in Alltagssituationen zu einem zufälligen und ungewollten Auslösen eines hypnotischen Verhaltens führen.

Bei einer Einleitung mit verbalen Suggestionen, sollten Sie diese vorher sorgfältig auswählen. Falsche oder unpassende Suggestionen können die Tranceinduktion beeinträchtigen und für den Hypnotisanden auch einen Negativ-Effekt bewirken. Suggestionen werden in der Regel wörtlich verstanden, weshalb auch zum Beispiel Redewendungen eine Fehlreaktion bewirken können und daher vermieden werden sollten. Auch zu allgemein gehaltene und ungenau formulierte Suggestionen sind zu vermeiden, da diese ebenfalls zu einer unerwünschten Reaktion führen können. Negative Formulierungen erzeugen meistens das genaue Gegenteil des gewünschten Effekts. Suggerieren Sie beispielsweise, dass der Klient keine Ängste mehr hat, fixiert er sich unbewusst auf das Gefühl der Angst.

Sind Sie bei Ihrer Einleitung und den Suggestionen zu autoritär, kann es bei Ihrem Klienten zu einer Abwehrreaktion kommen, wodurch es nicht möglich ist, dass er in die Trance gelangt. Einige Suggestionen könnten beim Hypnotisanden auch Angst oder Unbehagen auslösen, weshalb Sie sich im Vorgespräch über mögliche Ängste informieren sollten.

Machen Sie während der Induktion zu lange oder unangemessene Pausen, kann es vorkommen, dass der Klient irritiert ist und nicht in Trance gelangen kann. Es ist auch möglich, dass der Hypnotisand durch zu lange Pausen oder zu langweilige Suggestionen während der Entspannung einschläft.

Verwendung von Sprache und Suggestion

Die Sprache ist ein wichtiges Werkzeug in der Hypnose. Wichtig beim Sprechen ist, dass Sie natürlich und authentisch wirken und ihre Stimme nicht gekünstelt rüberkommt. Die Sprechgeschwindigkeit sollte dabei nicht zu schnell, aber auch nicht zu langsam sein. Sprechen Sie verständlich und ruhig, aber nicht zu leise, damit Ihr Klient Sie gut hören kann. Passen Sie Ihre Stimme an die Situation an. Bei einer Entspannungssituation sprechen Sie mit ruhiger und tiefer Stimme. Nutzen Sie einfache Satzkonstruktionen, diese sind einfacher zu verstehen und werden bereitwilliger und unkontrollierter befolgt.

Am Ende einer Hypnosesitzung können Sie den Klienten auch fragen, wie dieser Ihre Sprechgeschwindigkeit und das Tempo empfunden hat, und ändern Sie dies in der nächsten Sitzung gegebenenfalls ab.

Um eine hypnotische Wirkung zu erzielen, müssen Sie es schaffen, das Unterbewusstsein des Hypnotisanden zu aktivieren. Dafür können Sie im Gespräch mit dem Klienten verschiedene Sprachmuster verwenden. Sie können beispielsweise Symbole nutzen, um abstrakte Gefühle zu verdeutlichen. So können Sie beispielsweise das Symbol einer Taube nutzen, um Frieden darzustellen. Eine weitere Möglichkeit ist es, das Problem Ihres Klienten in eine erfundene Geschichte zu verpacken, bei der der Held am Ende eine Lösung findet und das Problem meistert. Sie können Sprachmuster auch verwenden, um Anweisungen und Ratschläge zu verschleiern. Nutzen Sie zum Beispiel indirekte Aufträge, wie: „Vielleicht denken Sie sich jetzt gerade: Löse deine Probleme jetzt." Durch angebliche Wahlmöglichkeiten an das Bewusstsein des Klienten vermitteln Sie seinem Unterbewusstsein, dass sein Ziel erreicht wird. Fragen Sie beispielsweise den Hypnotisanden, ob er lieber im Sitzen oder Liegen entspannen möchte. So wird das Ziel der Entspannung außer Frage gestellt, der Klient hat aber dennoch eine Entscheidungsfreiheit auf dem Weg dorthin erhalten.

Suggestionen sind ein wichtiger Bestandteil der Hypnose, die Sie einsetzen können, um die hypnotische Trance herbeizuführen, vertiefen oder aufzulösen. Die Suggestionen sind Anweisungen bzw. Vorschläge, die direkt auf das Unterbewusstsein einwirken. Suggestionen werden sowohl in der Fremd-, als auch in der Selbsthypnose verwendet.

Man kann zwischen direkten und indirekten Suggestionen unterscheiden. Direkte Suggestionen bestehen meist aus einem kurzen Satz und formulieren ein klares Ziel. Indirekte Suggestionen dagegen sind nicht so eindeutig und werden oft in eine Geschichte oder Fantasiereise verpackt.

Bei der Verwendung von Suggestionen ist die richtige Formulierung dieser von großer Bedeutung. Suggestionen sollten immer zielbezogen und in der Gegenwart formuliert werden. Außerdem sollten sie positiv sein und das gewünschte Endresultat beschreiben. Besonders wichtig ist auch die Vermeidung von Negationen, da das Gehirn nur an das gesagte Wort denkt und nicht an vorhandene Wörter wie „nicht" oder „keine". Möchten Sie beispielsweise suggerieren, dass der Klient frei von Stress ist, sollte die Suggestion lauten: „Sie fühlen sich entspannt und gelassen."

Die Vertiefung der Hypnose

Durch eine Vertiefung der Hypnose wird in der Regel der Trancezustand des Klienten verändert. Dies kann verschiedene Auswirkungen haben: So kann ein „Vertiefen" bedeuten, dass der Hypnotisand sich noch weiter entspannt und eine tiefere Trancestufe erreicht, oder auch, dass er Suggestionen besser annimmt und empfängt.

Um eine Trance zu erlangen, ist der Augenschluss, welcher bei jeder Induktion das Ziel ist, notwendig, aber nicht ausreichend. Unmittelbar nach der Hypnoseinduktion erfolgt die Vertiefung. Zwischen Induktion und Vertiefung darf keine Pause eingelegt werden, da ansonsten das Bedürfnis nach Kontrolle unbewusst zunimmt und der Klient beginnt nachzudenken. Wie auch bei den Einleitungsverfahren gibt es unterschiedliche Verfahren zur Vertiefung. Welches am geeignetsten ist, hängt von der jeweiligen Situation, dem Hypnotiseur und dem Hypnotisanden ab.

Es gibt unter anderem folgende Möglichkeiten, um eine Hypnose zu vertiefen:

- Zeit: Mit der Zeit findet häufig eine Vertiefung der Hypnose von alleine statt.

- Suggestionen: Durch Suggestionen wie „Ihre Augen werden müder und müder" können starke Auswirkungen eingeleitet werden.

- Zählmethode: Nach erfolgreicher Induktion kündigt der Hypnotiseur an, dass er nun damit beginnt, von zehn rückwärts zu zählen. Bei jeder Zahl soll die Trance weiter vertieft werden, bis der Klient sich bei der Zahl eins im gewünschten Trancezustand befindet. Mit jeder genannten Zahl kann der Hypnotiseur Ruhe und Schwere suggerieren.

- Stille: Eine stille Pause kann ebenfalls wirksam sein.

- Fraktionierung: Die Fraktionierung, bei der der Klient immer wieder aus der Trance geholt und wieder hineingeführt wird, ist ebenfalls ein effizientes Mittel, um die Trance zu vertiefen.

- Wechsel der Position: Die Hypnose muss nicht immer im Liegen stattfinden, einige Klienten erreichen beispielsweise im Sitzen tiefere Trancen als im Stehen. Daher kann ein Positionswechsel des Hypnotisanden sinnvoll sein.

- Vorstellung emotionaler Aspekte: Durch die Imagination von Inhalten, die mit starken Emotionen verbunden sind (geliebte Menschen, emotionale Situationen), begeben sich Menschen ebenfalls in eine tiefere Hypnose. Wichtig ist allerdings, dass die Inhalte für die jeweilige Person tatsächlich mit starken Emotionen verbunden sind und nicht nur angenommen wird, dass die gewählten Inhalte bei allen Menschen starke Gefühle auslösen.

Die verschiedenen Tiefenstadien

Zwischen den verschiedenen Trancetiefen herrscht ein fließender Übergang, weshalb es theoretisch beliebig viele Tiefenstadien der Trance gibt. Üblicherweise wird bei der Hypnose jedoch zwischen drei grundlegenden Trancetiefen unterschieden. Die Stufen zwischen diesen drei Hauptstadien können als Übergangsphasen bezeichnet werden.

1. Leichte Trance

Die erste Stufe, die leichte Trance, wird auch als Somnolenz bezeichnet. Bei dieser Trancetiefe unterscheidet sich der Zustand kaum vom normalen Wachzustand, da der Anteil des aktiven Bewusstseins noch sehr hoch ist. Während dieser Phase tritt eine erste

Entspannung der Muskulatur ein und es wird in der Regel ein gesteigertes Wohlbefinden des Hypnotisanden vernommen. Zudem werden einfache und logische Suggestionen angenommen, wie beispielsweise Wärme in bestimmten Körperteilen. In diesem Stadium bekommt der Klient noch alles mit und kann sich am Ende auch an alles erinnern. Wurde der Klient im Vorfeld nicht über die unterschiedlichen Stadien aufgeklärt, ist er am Ende der ersten Hypnosesitzung möglicherweise enttäuscht, da er diese leichte Trance nicht vom normalen Wachzustand unterscheiden kann und daher denkt, dass er nicht hypnotisiert werden konnte.

2. Mittlere Trance

Das mittlere Trancestadium wird als Hypotaxie bezeichnet. Bei dieser Trancestufe setzt sich die Entspannung fort und Außenreize treten immer mehr in den Hintergrund. Das Wachbewusstsein ist nicht mehr so präsent, verfügt aber dennoch über eine gewisse Kontrollfunktion. Die meisten Suggestionen werden angenommen, solange sie nicht den Moralvorstellungen und den Werten des Klienten widersprechen. Es besteht auch die Möglichkeit, eine totale Schmerzlosigkeit zu suggerieren. In dieser Stufe können ebenso posthypnotische Suggestionen – Suggestionen, die erst nach der Trance wirken – eingesetzt werden. In einigen Fällen tritt im Anschluss daran eine eingeschränkte Amnesie auf: Der Klient kann sich bei solch einem Gedächtnisverlust zwar noch an den gesamten Kontext der Suggestionen erinnern, aber eventuell nicht mehr an einzelne Teile von ihnen.

3. Tiefe Trance

Während des tiefen Trancestadiums, auch Somnambulenz genannt, ist das Wachbewusstsein nahezu ausgeschaltet. Es kann eine vollkommene Entspannung entstehen und das Wachbewusstsein verliert seine Kritikfähigkeit. Darüber hinaus werden auch Suggestionen, welche unlogisch oder befremdlich wirken, angenommen. Es besteht sogar die Möglichkeit, dass eine komplette Amnesie eintritt, und das Suggerieren von positiven sowie negativen Halluzinationen ist ebenfalls möglich. Bei positiven Halluzinationen werden Dinge gesehen, die nicht da sind, während bei negativen bestimmte Dinge, die da sind, nicht gesehen werden. Während dieser Trancetiefe ist auch eine großflächige Betäubung sowie eine grundlegende Veränderung von Verhaltensmustern möglich.

Die Trancen können nach Belieben vertieft werden, sofern der Klient keinen Widerstand leistet. Die benötigte Trancetiefe hängt stark von der gewünschten Behandlung und dem Ziel ab. Grundsätzlich gilt, je schwieriger ein Behandlungsziel ist, desto tiefer sollte das Trancestadium sein. Für eine Beseitigung von einfachen Ängsten und Phobien reicht in den meisten Fällen eine leichte Trance aus. Um eine Rauchentwöhnung oder ein Abnehmen zu erreichen, ist eine leichte bis mittlere Trance notwendig, wobei eine Narkose in der tiefen Trance stattfinden sollte.

Oftmals tritt der Erfolg bei der tiefen Trance schneller und effektiver ein, was aber nicht in allen Anwendungen der Fall ist. Die notwendigen Trancetiefen hängen stark vom Klienten und von seinem Unterbewusstsein ab. Einige Menschen setzen bereits während der leichten Trance komplexe Suggestionen um, bei anderen ist eine tiefe Trance notwendig, um die gewünschten Ziele zu erreichen.

Selbsthypnose

Die Selbsthypnose eignet sich gut, um eine bereits absolvierte Hypnotherapie zu vertiefen, oder kann auch zur Unterstützung der Therapie parallel stattfinden. Wer sich durch Autosuggestionen selbst hypnotisieren kann, ist in der Lage, sein eigenes Leben zu verbessern. Durch die Selbsthypnose kann man seine Probleme schneller und effizienter alleine lösen und sich von negativen Gedanken befreien. Von der Selbsthypnose profitiert auch der Körper, da sich der Stoffwechsel, Blutdruck und Herzschlag während der Trance beruhigen.

Unterschiede zwischen Selbst- und Fremdhypnose

Die Hypnose wird als ein veränderter Bewusstseinszustand definiert, welcher dem Schlaf oder Halbschlaf ähnelt und bei dem eine Tiefenentspannung vorliegt. Im hypnotischen Zustand ist die Aufmerksamkeit fokussiert, während die Umgebung vermindert wahrgenommen wird. Personen, die sich in diesem schlafähnlichen Zustand befinden, sind empfänglicher für Suggestionen.

Bei der Selbsthypnose handelt es sich um eine Form der Hypnose, bei der sich der Anwender selbst in den Zustand der Trance versetzt. Bei der Fremdhypnose hingegen leitet ein Hypnotiseur den Hypnotisanden dabei an. Somit nimmt der Anwender bei der Selbsthypnose beide Rollen gleichzeitig ein: jene des Hypnotiseurs und jene des Hypnotisanden. Bei beiden Formen ist der Zustand der gleiche: Es liegt eine Trance vor, bei der die betroffene Person fokussiert und frei von Ablenkungen ist. Somit liegt ein grundlegender Unterschied zwischen Selbsthypnose und Fremdhypnose in der Art der Induktion, also der Einleitung. Während diese bei der Fremdhypnose von einem Hypnotiseur durchführt wird, wird der hypnotische Zustand bei der Selbsthypnose durch erlernte Techniken eigenständig herbeigeführt, sodass der Anwender die komplette Kontrolle über den Ablauf der Hypnose hat. Doch auch bei der Fremdhypnose hat der Hypnotisand die Kontrolle über das Erlebte, denn während der Trance kann nichts getan werden, was sich nicht mit den Werten des Hypnotisanden vereinbaren lässt. Jede Hypnose, auch die Fremdhypnose, ist im Grunde gleichzeitig auch eine Selbsthypnose, da ihr Erfolg von der hypnotisierten Person abhängig ist. Nur wenn diese Person die Hypnose und den damit verbundenen Bewusstseinszustand zulässt, kann das Unterbewusstsein durch die Hypnose angesprochen werden.

Sowohl bei der Fremd- als auch bei der Selbsthypnose besteht das Ziel darin, einen Zustand tiefer Entspannung und Fokussierung zu erlangen und so einen Zugang zum Unterbewusstsein zu erhalten. Die Hypnose kann beispielsweise dabei helfen, Stress abzubauen und die Konzentration zu steigern. Mithilfe der Hypnose lassen sich zudem negative Glaubenssätze in positive verwandeln und unterbewusste Ressourcen und Fähigkeiten aktivieren.

Oftmals erleichtert die angeleitete Hypnose den Einstieg in die Selbsthypnose. Dabei kann der Hypnotisand bereits Erfahrungen sammeln und die Erlangung des Trancezustands trainieren. Während der Hypnose wird meist eine tiefe Trance erreicht, bei der das Bewusstsein kaum noch aktiv ist. Oftmals liegt bei der Fremdhypnose ein tieferer Trancezustand vor als bei der Selbsthypnose, wobei letztere Form dennoch wirksam ist und auch bei ihr Suggestionen aufgenommen werden. Gelangt der Anwender bei der Selbsthypnose in eine tiefe Trance, verliert er allerdings die Kontrolle über seine Suggestionen und schläft womöglich einfach ein. Bei der Fremdhypnose hingegen kann der Hypnotiseur auch während einer tiefen Trance das Unterbewusstsein des Hypnotisanden erreichen und durch Suggestionen auf dieses einwirken. Daher ist die Fremdhypnose in der Regel effektiver und die gewünschten Ziele werden schneller erreicht als bei der Selbsthypnose.

Die Selbsthypnose hat im Vergleich zur Fremdhypnose allerdings auch einige Vorteile. So lässt sich diese Hypnoseart jederzeit und unabhängig von anderen Menschen ausüben, wodurch sie gut in den Alltag integriert werden kann. Die Selbsthypnose lässt sich zudem hervorragend als Ergänzung zu anderen mentalen Techniken einsetzen.

Darüber hinaus trägt die Selbsthypnose auf lange Sicht zu einer Stärkung des Selbstwertgefühls bei und kann dem Anwender dabei helfen, seine Konzentrationsfähigkeit zu steigern. Anwender der Selbsthypnose können ihre eigenen Gedanken jederzeit beeinflussen und ins Positive lenken, wodurch Stress im Alltag reduziert werden kann.

Dies sorgt für ein besseres Allgemeinbefinden und stärkt die Selbstheilungskräfte.

Stufen der Selbsthypnose

Im Grunde ist jeder Mensch dazu fähig, sich selbst zu hypnotisieren. Voraussetzung hierfür ist allerdings, dass die Person der Hypnose positiv gegenübersteht und sich nicht innerlich dagegen wehrt.

Verlauf der Selbsthypnose

Die Hypnose verläuft in drei Phasen: Induktion, Vertiefung und Visualisierung sowie Auflösung.

Induktion (Einleitung)

Voraussetzung für eine gelingende Hypnosesitzung ist ein ungestörtes und angenehmes Umfeld. Sämtliche Störquellen wie Fernseher oder Smartphone sollten ausgeschaltet sein und auch andere Ablenkungen sind zu vermeiden. Der Anwender nimmt eine bequeme Position ein. Ziel der Induktion ist es, einen Zustand der Entspannung zu erreichen und den Kopf frei von Gedanken zu bekommen. Um dies zu erreichen, gibt es verschiedene Möglichkeiten. So kann sich der Anwender beispielsweise auf seine Atmung konzentrieren und seinen gesamten Fokus darauf legen. Eine weitere Möglichkeit besteht darin, sich auf einen Punkt an der Decke zu konzentrieren und diesen zu fokussieren. Dabei wird in Gedanken langsam von zehn bis null rückwärts gezählt, damit den Kopf frei von anderen Gedanken ist.

Die Augen werden bei jeder Zahl schwerer und fallen schließlich zu.

Vertiefung und Visualisierung

Nun folgt die wichtigste Stufe der Hypnose: Die Vertiefung und Visualisierung. Zunächst wird der Zustand der Entspannung vertieft, sodass keine Ablenkung von äußeren Einflüssen mehr herrscht und das Unterbewusstsein in der Lage ist, Suggestionen und Visualisierungen anzunehmen. Hierfür kann beispielsweise die Treppentechnik verwendet werden. Dabei stellt sich der Anwender vor, dass er eine Treppe hinuntergeht und sich bei jeder Stufe tiefer entspannt, wobei er seine Gedanken frei werden lässt. Sobald sich sowohl Körper als auch Geist in einem Zustand der völligen Entspannung befinden, folgt der Hauptteil der Hypnose. Nun ist das Unterbewusstsein dazu bereit, Visualisierungen und Suggestionen aufzunehmen, was zur Erreichung des gewünschten Ziels beiträgt. Der gesamte Fokus liegt auf diesem Ziel. Durch positiv formulierte Sätze und das Hervorrufen von angenehmen Gefühlen soll sich das Ziel im Unterbewusstsein verankern.

Auflösung

Am Ende der Selbsthypnose führt sich der Anwender langsam wieder zurück in den Wachzustand. Hierbei wird in Gedanken von eins bis drei gezählt und bei jeder Zahl rücken Körper und Geist wieder ein Stück weiter ins Hier und Jetzt. Es können zunächst langsam Hände und Füße und anschließend nach und nach der Rest des Körpers bewegt werden.

Stufen der Trance

Die Tiefe der Trance, welche während der Hypnose erreicht wird, lässt sich in verschiedene Stufen unterteilen. Um eine wirksame Vertiefung zu erreichen, ist es nicht notwendig, dass eine besonders tiefe Trance erlangt wird, da eine leichte bis mittlere Tiefe bereits für eine erfolgreiche Hypnose ausreichend ist. Die Stufen der Trance spiegeln lediglich das Empfinden des Hypnotisanden wider, denn die erreichte Trancetiefe lässt sich nur schwer messen.

Üblicherweise wird die Trancetiefe in drei Stufen unterteilt: leichte Trance (Somnolenz), mittlere Trance (Hypotaxie) und tiefe Trance (Somnambulenz). Die Übergänge vom Wachzustand in die Trance und von einer Stufe zur nächsten verlaufen fließend.

Leichte Trance (Somnolenz)

Bei der leichten Trance, auch Somnolenz genannt, ist der Unterschied zum Wachzustand nur minimal. Die Muskulatur und auch der Geist des Hypnotisanden sind entspannt. Sein Bewusstsein reagiert nahezu genauso wie im Wachzustand. Während dieser Stufe können viele Suggestionen angenommen werden, sodass bei dieser Trancetiefe bereits einfache Anwendungen erfolgreich sind. Die Somnolenz ist besonders gut für analytisches Arbeiten geeignet und der Hypnotisand kann sich an alles erinnern, was während dieser Stufe passiert ist.

Mittlere Trance (Hypotaxie)

In der Hypotaxie hat sich der hypnotische Zustand bereits vertieft und das Wachbewusstsein ist kaum noch aktiv. Bestimmte Körperstellen des Hypnotisanden können empfindungslos werden, sodass auch Schmerzen während dieser Stufe ausgeschaltet werden können. Ein Verlust der Eigenmotorik ist ebenfalls möglich. Während der Hypotaxie werden alle Suggestionen ausgeführt, die nicht dem Wesen und den Werten des Hypnotisanden widersprechen. Posthypnotische Suggestionen – also solche, die erst nach der Trance eintreten – weisen während dieser Trancestufe eine erhöhte Wirksamkeit auf. Es ist möglich, dass nach der Hypnose ein teilweiser Gedächtnisverlust (Amnesie) stattfindet.

Tiefe Trance (Somnambulenz)

Diese Trancetiefe erreichen nur sehr wenige Personen. In diesem Zustand ist der Hypnotisand kaum noch oder auch gar nicht mehr kritikfähig und das Wachbewusstsein ist nahezu ausgeschaltet. Es werden auch Suggestionen ausgeführt, die unlogisch und realitätsfremd sind. In dieser Stufe der Trance kann es zu Halluzinationen sowie zu einer vollständigen Amnesie kommen.

Vorsätze

Die Selbsthypnose kann für verschiedene Anwendungen zum Einsatz kommen. Vor allem zum Jahreswechsel fassen viele Menschen gute Vorsätze für das neue Jahr. Dazu gehören zum Beispiel:

• Aufhören zu rauchen

• Gewicht reduzieren

• Selbstbewusstsein steigern

• Stress reduzieren

• Verbesserte Leistung in der Schule oder im Beruf erreichen

Bevor mit der Selbsthypnose gestartet wird, sollte ein Vorsatz oder Ziel festgelegt werden, welches mit der Hypnose erreicht werden soll. Grundsätzlich lässt sich die Selbsthypnose für viele verschiedene Bereiche anwenden, sodass die oben genannten Vorsätze und auch beispielsweise die Reduzierung von Schmerzen sowie die Beseitigung von Schlafstörungen möglich sind. Damit die Hypnose erfolgreich verläuft und das gewünschte Ziel erreicht werden kann, ist es notwendig, dass die Vorsätze und Ziele positiv formuliert werden. Wer zum Beispiel keinen Stress haben möchte, sollte sich nicht als Ziel setzen, weniger Stress zu verspüren, sondern gelassener und entspannter zu sein. Das Unterbewusstsein nimmt Anweisungen und Informationen auf, ohne dabei auf Wörter wie „nicht" oder „kein" zu reagieren. Wünscht man sich also keinen Stress, kommt im Gehirn nur das Wort „Stress" an.

Unser Unterbewusstsein wird von Erfahrungen und Erinnerungen sowie von den damit verbundenen Emotionen geprägt. Diese wirken sich auf unser Handeln und Denken aus. Negative Gedanken und Angewohnheiten haben sich im Unterbewusstsein festgesetzt und lassen sich oftmals nicht einfach nur durch das Fassen von guten Vorsätzen und die eigene Willensstärke ändern. In vielen Fällen ist es notwendig, dass die gewünschten Veränderungen im Unterbewusstsein verankert werden, damit sie nach außen sichtbar werden. Hierfür ist die Selbsthypnose optimal geeignet, da positive Suggestionen auf das Unterbewusstsein einwirken und dafür sorgen, dass negative Gedanken durch positive ersetzt werden. Im Gegensatz zu anderen Therapieformen wird bei der Hypnose der Wachzustand außen vorgelassen, sodass die Vorsätze auf direktem Wege verinnerlicht werden.

Es ist allerdings wichtig, bei schwerwiegenden Problemen wie schweren Erkrankungen, starken und langanhalten Schmerzen sowie Essstörungen einen ausgebildeten Arzt oder Therapeuten aufzusuchen, da die Selbsthypnose Schmerzen zwar reduzieren, allerdings nicht die Ursache beseitigen kann. Es sollte auch nicht versucht werden, traumatische Erfahrungen während der Selbsthypnose und ohne einen Therapeuten aufzuarbeiten. Wer unter dem Einfluss von Alkohol oder Drogen steht, sollte ebenfalls nicht versuchen, sich in eine Trance zu versetzen. Auf keinen Fall sollte eine Selbsthypnose von Personen ausgeführt werden, die unter Schizophrenie, einer bipolaren Störung oder einer Borderline-Störung leiden. Bei diesen Erkrankungen können Suggestionen nicht kontrolliert eingesetzt werden, wodurch die Symptome durch die Selbsthypnose sogar noch verstärkt werden könnten.

Beispielhafte Anwendungsbereiche der
Selbsthypnose

• Stress reduzieren oder lernen, besser damit umzugehen

• Steigerung der Konzentration

• Förderung der Kreativität

• Steigerung des Selbstvertrauens und Selbstbewusstseins

• Linderung von Ängsten und Phobien

• Rauchen abgewöhnen

• Gewicht reduzieren

• Sich entspannen

• Schmerzen ausschalten

• Schlafstörungen beheben

• Erfolg in der Schule, im Beruf oder beim Sport

Der Bewusstseinszustand bei Selbsthypnose

Während der Selbsthypnose befindet sich der Anwender
in einem veränderten Bewusstseinszustand, der
sogenannten Trance. Diese lässt sich am ehesten als
Zustand zwischen Wachsein und Schlafen beschreiben.
Bei diesem Bewusstseinszustand liegt eine erhöhte
Aufmerksamkeit und Fokussierung vor, während die
Außenwelt ausgeblendet wird. Im Gegensatz zum
Wachzustand sind Menschen in Trance besonders
entspannt und ihr Vermögen logisch zu denken ist

eingeschränkt. Anders als beim Schlafen bekommen die Hypnotisanden während der Hypnose allerdings noch mit, was um sie herum geschieht, und haben die Kontrolle über ihre Gedanken. In diesem Zustand ist das Unterbewusstsein besonders aufnahmefähig. Die Trance wird durch Hypnose erreicht, kann aber beispielsweise auch durch Drogen ausgelöst werden.

Jeder Mensch hat schon einmal leichte Trancezustände erlebt. In diesen befindet man sich zum Beispiel, wenn man in ein gutes Buch vertieft ist oder sich vollkommen auf einen Film einlässt. Dabei liegt die volle Aufmerksamkeit und Konzentration auf dem Buch oder Film, während die Außenwelt ausgeblendet wird.

Das menschliche Gehirn ist immer am Arbeiten und befindet sich nie vollkommen im Ruhezustand. Je nach Bewusstseinszustand sind im Gehirn unterschiedliche Prozesse im Gange. Sogar im Tiefschlaf können noch Aktivitäten im Gehirn gemessen werden, diese sind allerdings deutlich reduziert. Der Zustand der Trance ähnelt zwar jenem des Schlafs, allerdings lassen sich dabei mit dem EEG andere elektrische Aktivitäten des Gehirns messen als im Tiefschlaf oder Traum. Der Bewusstseinszustand während der Hypnose ist gekennzeichnet durch verlangsamte Hirnwellen. Während sich die menschlichen Hirnströme im Wachzustand zwischen 13 und 21 Hertz bewegen, liegen sie bei der Trance in einem Bereich zwischen 0,4 und 3 Hertz.

Die Bereiche der Hirnrinde und des Mittelhirns, welche für die Aufmerksamkeit, Wahrnehmung und innere Entspannung zuständig sind, werden durch die Selbsthypnose aktiviert. Das Unterbewusstsein ist aufnahmefähiger für Visualisierungen. Informationen werden während der Trance weniger rational analysiert, sondern intuitiv und bildhaft verarbeitet. Der Anwender der Selbsthypnose ist empfänglicher für Suggestionen sowie bildliche Vorstellungen und Metaphern und kann Erinnerungen aus dem Langzeitgedächtnis einfacher hervorrufen.

Geist und Körper des Hypnotisanden sind während der Trance vollkommen entspannt. Der hypnotische Zustand hat nachweislich einen positiven Einfluss auf das Immunsystem. Klinische Studien haben gezeigt, dass durch Hypnose Herpes und Warzen deutlich zurückgegangen sind. Außerdem konnte anhand von Laborstudien bewiesen werden, dass es unter Hypnose zu einem Anstieg der Leukozyten sowie weiterer Immunparameter kam.

Regelmäßige Hypnose und Meditation führen zu einer zunehmenden Dichte der Nervenzellen, was sich positiv auf die Lernfähigkeit auswirkt. Zudem nehmen wichtige Hirnregionen zu und die Fähigkeit zum Stressabbau und zur Regulierung von Gefühlen steigt. Daher wird die Hypnose als Therapieform bei Depressionen eingesetzt, bei der die Betroffenen lernen sich zu entspannen und negative Gedanken auszublenden. Auch in der Medizin wird der hypnotische Zustand eingesetzt. So ist bei einer tiefen Trance während einer Operation keine Vollnarkose notwendig.

Unsere heutige Zeit ist geprägt von Wachsein, Aktivismus und dem Erbringen von Leistungen. Der Tag soll so effektiv wie möglich gestaltet werden, sodass möglichst viel aus dem Tag herausgeholt wird. Schlaf und Ruhe kommen dabei häufig zu kurz. Mit der Selbsthypnose

lassen sich Auszeiten schaffen, in denen sich Körper und
Geist entspannen können und neue Kraft getankt wird.

Affirmationen

Das Wort „Affirmation" leitet sich vom Lateinischen
„affirmatio" für „Bestätigung" oder „Bejahung" ab. Bei
Affirmationen handelt es sich somit um positive
Aussagen und Glaubenssätze. Sie werden verwendet, um
die gewünschten Ziele im Unterbewusstsein zu
verankern. In der Selbsthypnose kommen Affirmationen
während der Visualisierungsphase zum Einsatz.

Affirmationen sind positiv formulierte Sätze, die
entweder ausgesprochen oder innerlich vorgesagt
werden. Durch das regelmäßige Wiederholen dieser
Aussagen sollen sie immer stärker auf das
Unterbewusstsein wirken, bis sie schließlich zur Realität
werden. Affirmationen werden so gebildet, dass sie den
gewünschten Zustand widerspiegeln. Hat die
Selbsthypnose zum Beispiel eine Gewichtsreduzierung
zum Ziel, könnte die Affirmation lauten: „Ich bin schlank
und mit meinem Körper zufrieden." Bei falsch gebildeten
Affirmationen, welche Negationen wie „nie", „kein" oder
„nicht" enthalten, kann es zum gegenteiligen Effekt
kommen, da das Unterbewusstsein Verneinungen
ignoriert. Daher ist es besonders wichtig, dass diese
Aussagen gewissenhaft gebildet werden. Zudem sollte die
Affirmation für den Hypnotisanden glaubhaft sein, da sie
andernfalls angezweifelt wird und unwirksam ist.

Der Sprache wird eine außerordentliche Kraft
zugesprochen, denn sie gibt Aufschluss über unsere
Gedanken. Durch Affirmationen wird diese Kraft der

Sprache mit dem Unterbewusstsein verbunden. Das menschliche Gehirn entwickelt sich durch Erfahrungen und Gedanken ständig weiter. Mit veränderten Gedanken ändert sich auch die Struktur des Gehirns. Dieser Vorgang wird in der Neurowissenschaft als Neuroplastizität bezeichnet. Durch Affirmationen, die sich immer wieder wiederholen, werden die Verbindungen im Gehirn mehr und mehr gestärkt, wodurch letztendlich Veränderungen in unserem Handeln und Denken hervorgerufen werden können. Das Gehirn lässt sich anhand dieser Aussagen von negativen Gedanken befreien, sodass positive Glaubenssätze verankert werden können. Durch die ständige Wiederholung positiver Gedanken werden diese zur Realität.

In der Selbsthypnose stellen Affirmationen somit ein einfaches und wirksames Werkzeug dar, mit dem die Ziele verwirklicht werden können. Zusätzlich lässt sich die Selbsthypnose durch Affirmationen im Alltag unterstützen und die Wirkung steigern, indem die Glaubenssätze auch zwischendurch immer wieder wiederholt werden.

Suggestionen sind ein wichtiges Mittel in der Hypnose. Das Wort „Suggestion" kommt aus dem Lateinischen und bedeutet so viel wie „anraten" oder „einflüstern". Durch Suggestionen werden die Gedanken und Empfindungen des Hypnotisanden beeinflusst. Im Gegensatz zu Affirmationen, welche auch im Wachzustand stattfinden, wirken Suggestionen während der Trance auf das Unterbewusstsein ein.

Suggestionen lassen sich in Fremd- bzw. Heterosuggestionen und Selbst- bzw. Autosuggestionen unterteilen. Erstere kommen bei der Fremdhypnose zum Einsatz und werden dem Hypnotisanden vom Hypnotiseur suggeriert, wohingegen Autosuggestionen während der Selbsthypnose verwendet und vom Anwender laut oder in Gedanken selbst aufgesagt werden.

Der französische Apotheker Émile Coué (1857-1926) erlangte bereits wichtige Erkenntnisse über die Wirksamkeit von Suggestionen. Er hat den sogenannten „Placebo-Effekt" entdeckt, indem er herausfand, dass Medikamente besser wirken, wenn die hohe Wirksamkeit den Patienten suggeriert wird. Dies zeigt, dass die Selbstheilungskräfte durch Suggestionen angeregt werden können und Gedanken Einfluss auf den Körper haben. Diese Erkenntnis konnte inzwischen durch eine Vielzahl von wissenschaftlichen Studien belegt werden.

Allgemein kann zwischen direkten und indirekten Suggestionen unterschieden werden. Bei direkten Suggestionen handelt es sich um kurze Sätze, in denen ein eindeutiges und klares Ziel formuliert wird. Bei der

Behandlung einer Flugangst kann eine entsprechende Suggestion zum Beispiel lauten: „Ich fühle mich im Flugzeug sicher und gelassen." Indirekte Suggestionen hingegen werden bildhaft vermittelt, beispielsweise durch eine Fantasiereise oder eine Geschichte.

Die Wirkung einer Suggestion ist nicht nur von den Wörtern abhängig, sondern auch von dem Befinden, den Erfahrungen und den Vorstellungen des Hypnotisanden. So kann dieselbe Suggestion auf verschiedene Personen unterschiedlich wirken. Auch weitere Faktoren wie Umgebung, Gerüche, Temperatur, Tageszeit und Jahreszeit spielen bei der Aufnahme der Suggestionen eine Rolle. In der Fremdhypnose beeinflussen zudem auch Gestik, Tonlage und Mimik des Hypnotiseurs die Auswirkungen der Suggestionen.

In der Hypnose können auch posthypnotische Suggestionen zum Einsatz kommen. Dabei handelt es sich um Aufträge oder Anweisungen, welche der Hypnotisand während der Trance erhält und erst im Anschluss an die Hypnose ausführen soll. Hierbei muss die Suggestion besonders vorsichtig gewählt werden, da die Worte während der Trance nicht nur inhaltlich, sondern auch wörtlich aufgenommen werden. Kommt es dann bei der Suggestion beispielsweise zum Einsatz von Sprichwörtern, werden diese wortwörtlich umgesetzt (z. B. sich an die eigene Nase fassen). Posthypnotische Suggestionen sind in der Regel wirksamer, je tiefer die Trance ist.

Damit Suggestionen die gewünschte Wirksamkeit haben, ist es wichtig, dass sie richtig formuliert werden. Um die passenden Autosuggestionen zu finden, können sich zunächst folgende Fragen gestellt werden:

• Was fühle ich?

• Was denke ich?

• Wie verhalte ich mich?

• Was sehe und höre ich?

• Was möchte ich anders machen?

• Welche Probleme möchte ich lösen und welche Situationen meistern?

Durch den Einsatz möglichst vieler Sinne wird die Wirksamkeit der Suggestionen gesteigert. So können zum Beispiel Gerüche, Geschmäcker oder Geräusche gesucht werden, die zu der Situation passen.

Wie bereits erwähnt, sollten Suggestionen immer positiv formuliert werden. Durch den Einsatz von Negationen wird das Unerwünschte in den Vordergrund gerückt. Wird beispielsweise gesagt, dass man nicht an einen Elefanten denken soll, denkt man automatisch an einen Elefanten. Der Satz wird zwar durch die linke Gehirnhälfte verstanden, allerdings sorgt die rechte Gehirnhälfte dafür, dass man sich das Gesagte bildlich vorstellt, wodurch im Gehirn eine doppelte Botschaft ankommt. Daher können Negationen bei Suggestionen sogar dazu führen, dass das Gegenteil vom gewünschten Ergebnis vorliegt.

Zudem sollten Autosuggestionen immer ichbezogen, in der Gegenwart und so, als wäre das Ziel bereits erreicht worden, formuliert werden (z. B. „Ich bin gelassen"). Die Sätze sollten möglichst kurz sein und sich auf das Wesentliche beschränken. Suggestionen sollten zudem so formuliert werden, dass sie für einen selbst glaubhaft erscheinen, da das Unterbewusstsein nichts aufnehmen kann, was dem Wesen der Person widerspricht. So sollte die Suggestion an bereits erlebte Erfahrungen anknüpfen, damit die Vorstellung davon leichter fällt.

Bei der Formulierung von Suggestionen sollte man sich genügend Zeit nehmen, da sie ein wichtiges Mittel in der Selbsthypnose darstellen und einen starken Einfluss auf ihren Erfolg haben. Im Anschluss an die Hypnose sollte man sich so verhalten, als hätte man das gewünschte Ziel bereits erreicht. Zudem führen häufige Wiederholungen der Ziele zu einem höheren Erfolg.

Es kann auch hilfreich sein, einen Reim zu verwenden, denn die Gehirnforschung konnte zeigen, dass Reime besser vom Unterbewusstsein aufgenommen und gespeichert werden. Die Effektivität von Suggestionen lässt sich zusätzlich durch die Verwendung von Symbolen steigern. Hat man sich ein Ziel gesetzt, sollte es mit einem Symbol in Verbindung gebracht werden. Möchte man beispielsweise gelassener werden, sucht man sich eine Situation, in der man gelassen war. Dies kann beispielsweise im Urlaub am Meer gewesen sein, wobei das Meer als Symbol für Gelassenheit gewählt werden kann. Während der Selbsthypnose kann dieses Symbol suggeriert und bildhaft vorgestellt werden. Gelangt man dann irgendwann in eine Situation, in der mehr Gelassenheit gewünscht wird, genügt es, wenn man ans Meer denkt.

• Ichbezogene Sätze formulieren

• Glaubhafte Suggestionen bilden

• Suggestionen positiv, in der Gegenwart und so, als ob
das Ziel bereits erreicht wurde, formulieren

• Kurze Sätze bilden

• Sich bei der Erstellung von Suggestionen Zeit nehmen

• Die Suggestionen häufig wiederholen

• Reime und Symbole verwenden

• So handeln, als wäre das Ziel bereits erreicht

Beispiele für Autosuggestionen

• Ich bin ruhig und gelassen.

• Ich fühle mich selbstsicher.

• Ich bin gesund und fühle mich gut.

• Ich kann alles schaffen, was ich möchte.

• Ich bin erfolgreich.

• Ich bin glücklich.

Oftmals besitzen Menschen bereits die Ressourcen und Fähigkeiten, die sie brauchen, können diese allerdings im Bedarfsfall nicht aktivieren. Durch die Selbsthypnose können die Ressourcen, welche zur Behebung des Problems oder zur Erreichung des Ziels benötigt werden, herausgearbeitet und aktiviert werden. Während der Hypnose wird das Problem mit den dafür benötigten Fähigkeiten verknüpft und die Lösungen werden im Unterbewusstsein abgespeichert, sodass das Bewusstsein keine aktive Steuerung übernehmen muss.

Um sich seiner Ressourcen und Fähigkeiten bewusst zu werden, kann man sich zum Beispiel folgende Fragen stellen:

• Worin bin ich gut?

• Was gefällt mir an mir?

• Was gefällt anderen an mir?

• Welche Lösungen für Probleme habe ich bereits gefunden?

• Wer oder was hilft mir in schwierigen Situationen?

Wer sich über seine Ressourcen im Klaren ist, kann diese bei Bedarf einsetzen. Die Aktivierung der eigenen Ressourcen führt zu einer Steigerung des Selbstwertgefühls und einer Verbesserung des Wohlbefindens. Je häufiger die versteckten Fähigkeiten und Ressourcen aktiviert und im Alltag eingesetzt werden, desto tiefer werden sie verankert. Während des Trancezustands bei der Selbsthypnose werden diese Ressourcen aus dem Unterbewusstsein herausgefiltert und können so zum Erreichen des gewünschten Ziels beitragen. Liegt beispielsweise eine Phobie oder Angst vor, wird während der Trance bei der Selbsthypnose im Unterbewusstsein eine Situation gesucht, in der sich der Anwender selbstsicher und entspannt fühlt. Diese positiven Gefühle werden während der Trance weiter verstärkt und gefestigt und in der angsteinflößenden Situation wieder aktiviert. Dies kann zunächst in einer weiteren Selbsthypnoseeinheit geschehen, bei der sich der Anwender während der Trance gedanklich in die bestimmte Situation begibt und dort das Gefühl der Selbstsicherheit und Gelassenheit aktiviert. Nach einigen Wiederholungen führt dies letztendlich dazu, dass die negativ behaftete Situation auch in der Realität nicht mehr angsteinflößend ist und sich der Anwender sicher fühlt.

Diese Nutzung der Ressourcen während der Hypnose wird als hypnotischer Ressourcentransfer bezeichnet und verläuft in mehreren Schritten:

1. Auf ein Problem beschränken

Diese Methode der Hypnose eignet sich am besten zur Bewältigung eines definierten Problems. Daher sollte sich der Anwender im Vorfeld an die Selbsthypnose ein Problem herausfiltern, welches er angehen möchte.

2. Fehlende Fähigkeit oder Ressource erkennen

Im nächsten Schritt muss sich der Anwender darüber im Klaren werden, welche Ressource oder Fähigkeit ihm fehlt, um das Problem lösen zu können.

3. Ressourcen anregen

Dieser Schritt kann entweder noch im Wachzustand vor der Selbsthypnose oder während der Hypnose ausgeführt werden. Der Anwender sucht nach einer Situation, in der er die benötigten Ressourcen für ein anderes Problem bereits angewendet und dieses somit gelöst hat. Liegt keine solche Situation vor, kann stattdessen auch eine Suggestion oder Affirmation verwendet werden, mit der die benötigte Fähigkeit zum Ausdruck gebracht wird (z. B. „Ich bin selbstsicher.").

4. Ressourcen aktivieren und aneignen

Im Trancezustand während der Selbsthypnose werden die Ressourcen und Fähigkeiten im Unterbewusstsein so verankert, dass sie unabhängig von einer bestimmten Situation aktiv sind. So kann im Bedarfsfall jederzeit darauf zurückgegriffen werden. Dafür bedarf es aber einiger Wiederholungen.

Die Stärkung und Aktivierung der eigenen Ressourcen bringt für den Menschen nicht nur in einzelnen Situationen Vorteile mit sich, sondern hat auch einen langfristigen Nutzen. So führt das Bewusstsein über die eigenen Fähigkeiten zu einem verbesserten Selbstwertgefühl und zu positiveren Gedanken, was sich letztendlich auch in einer verbesserten Gesundheit äußert. Zudem sind Personen, die ihre eigenen Ressourcen kennen, meist kreativer und konstruktiver, wodurch ihnen die Lösung von Problemen und das Erreichen von Zielen leichter fallen. Die Selbsthypnose bietet einen einfachen und effizienten Weg, um sich seine Ressourcen und Fähigkeiten bewusst zu machen und so von den genannten Vorteilen zu profitieren.

Wie lange die Selbsthypnose ausgeführt wird, hängt vom eigenen Empfinden ab. Es gibt keine ideale Dauer. Die Hypnose sollte so lange aufrechterhalten werden, wie eine Wirkung gespürt und man sich damit wohl fühlt. Wurden die Suggestionen einige Zeit lang verinnerlicht, kann man noch eine Weile im Zustand der Entspannung verweilen. Sobald man jedoch merkt, dass man abschweift, sollte man mit der Rückkehr aus der Selbsthypnose beginnen.

Es gibt verschiedene Methoden, mit denen die Selbsthypnose beendet werden kann. So kann zum Beispiel im Vorfeld an die Hypnose ein Schlüsselwort festgelegt werden, mit dem man sie beendet. Es kann auch langsam bis drei gezählt werden und man sagt sich, dass man bei der Zahl Drei wieder vollkommen wach ist. Zwischen den einzelnen Zahlen können noch Suggestionen wie „Ich werde immer wacher" eingebaut werden. Zusätzlich kann auch der Körper in die Ausleitung mit einbezogen werden. Dabei kann bei jeder Zahl ein Körperteil wie ein Arm oder Bein bewegt oder gestreckt werden. Zum Schluss werden die Augen geöffnet. Bevor man aufsteht, sollte man sich noch einige Minuten Zeit lassen. Es besteht auch die Möglichkeit, die Selbsthypnose zu nutzen, um anschließend in den Schlaf überzugehen.

Welche Methode zur Rückkehr aus der Selbsthypnose verwendet wird, ist nicht so entscheidend; wichtiger ist, dass man für sich die richtige Methode wählt und diese nach jeder Hypnose einsetzt. Ein Wechsel zwischen verschiedenen Methoden ist nicht ratsam.

Sollte nach der Hypnose ein Gefühl von Benommenheit auftreten, sollte man sich zunächst strecken und anschließend einige Schritte gehen. Es kann auch hilfreich sein, einen Schluck Wasser zu trinken. Das Riechen an einem aktivierenden Duft oder das Lutschen eines scharfen Bonbons ist ebenfalls möglich. Durch diese Reize wird das Nervensystem stimuliert und kann schneller wach werden.

Das Ziel verankern

Hat man sich ein Ziel gesetzt und dieses durch Suggestionen und Affirmationen während der Selbsthypnose ins Unterbewusstsein aufgenommen, ist es wichtig, dieses Ziel noch weiter zu verankern. Damit sich das Ziel und dessen Erfüllung im Unterbewusstsein einbrennen kann, sind regelmäßige Wiederholungen gefragt. Wir kennen das alle von Songs oder Slogans in der Werbung: Hören wir diese immer wieder, brennen sie sich zu dem Produkt in unserem Gehirn ein. Durch die ständige Wiederholung von Suggestionen können auch diese fest in unserem Unterbewusstsein hängen bleiben. Um die Ziele zu verankern, können feste Rituale geschaffen werden. So können die positiven Gedanken und Suggestionen zum Beispiel jeden Abend vor dem Schlafengehen oder morgens nach dem Aufwachen aktiviert werden.

Diese Verankerung des Ziels lässt sich noch zusätzlich steigern, indem alle Sinne angesprochen und mit dem Ziel in Verbindung gebracht werden. So sollte man sich vorstellen, was man sieht, fühlt, hört und riecht, wenn das Ziel erreicht wurde. Durch diese Empfindungen und

Gedanken kann das sogenannte emotionale Gehirn neu programmiert werden. Unser Handeln, Denken und Fühlen wird durch unsere Erfahrungen und Erinnerungen geprägt. Durch unangenehme Erlebnisse können negative Gedankenmuster oder Angewohnheiten entstehen, die sich im Unterbewusstsein festsetzen und sich oftmals nicht ohne Weiteres wieder beseitigen lassen. Die negativen Gedanken im Unterbewusstsein können durch die Verankerung positiver Vorsätze und Gefühle ersetzt werden.

Bei der Hypnose kommt oftmals auch der sogenannte Hypnose-Anker — auch hypnotischer oder posthypnotischer Anker genannt – zum Einsatz. Hierbei wird die hypnotische Wirkung mit einer bestimmten Situation oder einem Auslöser in Verbindung gebracht und damit verankert. Auf diese Weise lässt sich etwa immer ein Gefühl der Gelassenheit erzeugen, wenn zum Beispiel ein bestimmter Gegenstand berührt wird. So kann bei einer Flugangst ein kleiner Stein vor dem Einsteigen ins Flugzeug berührt werden, wodurch ein Gefühl der Sicherheit und Gelassenheit aufkommt.

Bei dem Hypnose-Anker handelt es sich im Grunde um eine Konditionierung, welche als Pawlowscher Reflex aus der Psychologie bekannt ist. Dabei wird mit Hilfe eines festgelegten Reizes eine gewisse Reaktion oder ein Gefühl ausgelöst. Als Reiz kann zum Beispiel ein bestimmtes Ritual, ein besonderer Duft oder ein Gegenstand zum Einsatz kommen. Mit dem Hypnose-Anker soll die gewünschte Reaktion ausgelöst werden, ohne dass dabei der Alltag gestört wird. Daher sollten die Reize möglichst dezent gewählt werden, sodass sie im Alltag nicht hinderlich sind und auf die Außenwelt nicht seltsam wirken. Durch jeden Einsatz des Hypnose-Ankers wird die gewünschte Wirkung weiter vertieft und im Unterbewusstsein verankert. Der Einsatz hypnotischer Anker ist somit ein effektives und einfaches Mittel in der Hypnose, um das gewünschte Ziel zu erreichen.

Mit Training zur Selbsthypnose

Die ersten Versuche der Selbsthypnose werden eventuell noch nicht den gewünschten Effekt erzielen. Möglicherweise kommt kein Gefühl einer Trance auf. Dennoch sollte die Selbsthypnose nicht als erfolglos angesehen werden. Auch wenn noch keine Veränderungen sichtbar sind, wird die Selbsthypnose vermutlich zur Entspannung beigetragen haben. Zudem ist die Trance kein messbarer Zustand und fühlt sich für jeden Menschen anders an. Eine fokussierte Aufmerksamkeit während vollkommener Entspannung kann bereits als Trance angesehen werden, welche lediglich zur besseren Aufnahme von Suggestionen noch vertieft wird. Je nach eigener Verfassung kann die Hypnosetiefe variieren.

Wie beim Erlernen einer neuen Sportart oder Handwerkskunst ist auch beim Erlernen der Selbsthypnose regelmäßiges Training wichtig. Es ist hilfreich, zunächst lediglich die tiefe Entspannung zu trainieren, bevor es an die eigentliche Hypnose geht. Es fällt nicht jedem Menschen gleich leicht, sich vollkommen zu entspannen und die Umgebung auszublenden. Erst wenn dies gelingt, sollten weitere Einleitungen zur Selbsthypnose und Methoden zur Vertiefung angewandt werden. Zudem sollten die ersten Sitzungen von einer kürzeren Dauer von etwa zehn Minuten sein, da die Konzentration oftmals noch schnell nachlässt. Mit etwas Übung kann die Zeit bei Bedarf langsam gesteigert werden.

Durch regelmäßiges Training wird die Fähigkeit, sich selbst in Trance zu versetzen, gesteigert, zudem wirken Suggestionen erst nach häufigen Wiederholungen. Je häufiger die Selbsthypnose also zur Anwendung kommt, umso effektiver und schneller können erste Ergebnisse sichtbar werden. Es kann hilfreich sein, die Selbsthypnose als festen Bestandteil in den Alltag zu integrieren und beispielsweise jeden Abend vor dem Zubettgehen auszuführen. Mit etwas Übung kann mit einem Auslösewort eine schnelle Trance eingeleitet werden, womit auch mehrere kurze Selbsthypnose-Einheiten über den Tag verteilt durchgeführt werden können.

Prinzipiell ist jeder gesunde Mensch hypnotisierbar. Voraussetzung hierfür ist allerdings, dass man sich darauf einlässt und nicht bereits nach den ersten Fehlversuchen die Geduld verliert. Wenn einem Visualisierungen nicht so gut gelingen, sollte man sich die Dinge so gut wie möglich vorstellen. Die Wirkung ist nicht nur von den inneren Bildern, sondern auch von den Wörtern der Suggestionen abhängig.

Es gibt verschiedene Möglichkeiten, mit denen das Training der Selbsthypnose unterstützt werden kann. Neben Büchern und Anleitungen im Internet gibt es eine Vielzahl an CDs und Audios, bei denen Suggestionen vorgesprochen werden. Dabei kann sich der Anwender zunächst auf die Entspannung und Trance konzentrieren, ohne gleichzeitig noch die Suggestionen anwenden zu müssen. Dies dient als Anregung und Übung, um später auch eigenständig in die Trance gelangen zu können. Zudem findet sich im Internet eine Vielzahl an Online-Kursen, in denen die Anwendung der Selbsthypnose vermittelt wird. Auch die Teilnahme an einem Seminar kann dabei helfen, die Selbsthypnose zu erlernen und zu trainieren. Die Seminare werden meist als Einzel- und Gruppenunterricht angeboten. Eine weitere Möglichkeit zur Erlernung der Selbsthypnose besteht darin, zunächst an einer Fremdhypnose teilzunehmen. Damit kann der Einstieg in die Selbsthypnose erheblich erleichtert werden. Auf diese Weise erlebt das Gehirn den Weg in die Trance und weiß somit, welcher Zustand erreicht werden soll. Hierbei reicht eine einmalige Fremdhypnose bereits aus. Der Hypnotiseur kann einen Tiefenanker setzen, wie beispielsweise eine bestimmte Bewegung, bei der das Unterbewusstsein direkt in die Trance gelangt. Als besonders wirksam hat sich die Kombination von Selbst- und Fremdhypnose gezeigt. Dabei werden mehrere Sitzungen der Fremdhypnose durchgeführt. Der Hypnotiseur verhilft dem Hypnotisanden zur Selbsthypnose und zwischen den Sitzungen können die Inhalte während der Selbsthypnose vertieft werden, wodurch die Ziele schneller erreicht werden können.

Die Betty Erickson Methode

Es gibt verschiedene Methoden zur Einleitung in die Selbsthypnose. Eine davon geht auf Betty Erickson, die Ehefrau des amerikanischen Psychotherapeuten Milton Erickson, zurück. Die sogenannte 3-2-1 Methode stellt eine geeignete Methode zum Einstieg in eine Entspannungs-Trance dar und kann zudem dabei helfen, die eigenen Visualisierungsfähigkeiten zu verbessern.

Nachdem eine angenehme Haltung in einem ruhigen Raum angenommen wurde, werden folgende Schritte ausgeführt:

1. Schritt

Der Anwender schaut sich nach drei Objekten in seiner Umgebung um und benennt diese.

Beispiel: „Ich sehe grüne Vorhänge.“

„Ich sehe eine weiße Uhr.“

„Ich sehe ein rotes Kissen.“

2. Schritt

Der Anwender hört sich nach drei Geräuschen um.

Beispiel: „Ich höre das Ticken der Uhr.“

„Ich höre ein vorbeifahrendes Auto.“

„Ich höre Vogelgezwitscher.“

3. Schritt

Der Anwender nennt drei Dinge, die er fühlt.

Beispiel: „Ich fühle das Sofa unter meinem Körper.“

„Ich fühle die Kleidung an meiner Haut.“

„Ich fühle die warme Sonne in meinem Gesicht.“

4. Schritt

Nun achtet der Anwender wieder auf Dinge, die er sieht, hört und fühlt, beschränkt sich dabei allerdings auf nur noch jeweils zwei Objekte.

5. Schritt

In diesem Schritt wird jeweils nur ein Objekt benannt, welches gesehen, gehört und gefühlt wird.

Nachdem diese Schritte ausgeführt wurden, schließt der Anwender die Augen, begibt sich in Gedanken an einen schönen Ort (z. B. an den Strand) und führt die fünf Schritte in Gedanken erneut aus – diesmal mit den Empfindungen am visualisierten Ort. Auf diese Weise kann man sich mit etwas Übung einen gedanklichen Wohlfühlort erschaffen, den man zur Entspannung nutzen kann. Gelingt dies gut, kann der Wohlfühlort bei weiteren Selbsthypnose-Einheiten verwendet werden, um gezielte Lösungen für Probleme zu finden und Suggestionen zu einzusetzen.

Die Zähltechnik von 10 bis 1

Die Zähltechnik ist ebenfalls eine Methode zur Induktion in die Trance, sie kann aber auch zum Auflösen der Trance verwendet werden. Diese Technik ist einfach und schnell erlernbar, weshalb sie sich besonders für Anfänger der Selbsthypnose eignet.

Bei der Zähltechnik von 10 bis 1 stellt sich der Anwender vor, dass er vor einer Treppe mit zehn Stufen steht und mit jeder Stufe tiefer in die Trance gelangt. Zur Einleitung in die Trance wird von 1 bis 10 jede Stufe gedanklich hochgegangen. Bei jeder Zahl bzw. Stufe gibt sich der Anwender eine Suggestion wie zum Beispiel „Es wird ruhiger" oder „Ich fühle mich mit jeder Stufe entspannter". Dabei sollte möglichst langsam und ruhig gesprochen werden. Sobald der Anwender bei der letzten Stufe, der Zahl Zehn angekommen ist, sollte er

vollkommen entspannt sein und den Zustand der Trance
erreicht haben.

Die Ausleitung aus der Trance kann ebenfalls mit dieser
Methode erfolgen. Dabei wird von 10 rückwärts bis 1
gezählt. Bei jeder Zahl suggeriert sich der Anwender, dass
er sich wacher fühlt und die Umgebung wieder immer
mehr wahrnimmt.

Ich senke den Arm Induktion

Die folgende Technik zur Induktion ermöglicht es, sich
selbst schnell und einfach in Trance zu versetzen. Der
Anwender begibt sich dabei wie bei allen Selbsthypnose-
Einheiten in eine angenehme Position und sorgt dafür,
dass er nicht gestört wird. Nun hebt er langsam seinen
Arm, wobei die Handfläche nach unten zeigt. Der Arm
wird etwas über Augenhöhe gestreckt. Während der Arm
angehoben wird, sind die Augen offen und auf den sich
hebenden Arm gerichtet. Die komplette Aufmerksamkeit
wird auf den Arm gelenkt und die steigende Bewegung
des Arms wird mit möglichst vielen Sinnen
wahrgenommen. Sobald der Arm oben ist, wird er eine
kurze Zeit lang so gehalten und angesehen. Dabei stellt
sich der Anwender vor, wie der Arm langsam schwerer
und schwerer wird. Man kann sich hier beispielsweise
vorstellen, dass etwas auf der Hand liegt oder an der Hand
hängt. Der Arm wird immer schwerer und sinkt langsam
ab. Dabei schaut der Anwender weiterhin auf seinen Arm
und nimmt ein Gefühl der Schwere wahr. Diese Schwere
breitet sich auch in den Augen aus, sodass sich die
Augenlider beim Senken des Arms ebenfalls langsam
senken, bis die Augen geschlossen sind. Dabei wird die

Schwere und Ruhe wahrgenommen und die Außenwelt ausgeblendet. Es entsteht ein Gefühl der Gelassenheit, aus welchem sich die hypnotische Trance entwickelt. Während dieser Einleitung können Suggestionen wie „Mein Arm sinkt langsam immer tiefer" und „Je tiefer mein Arm sich senkt, umso ruhiger und entspannter werde ich" verwendet werden.

Diese Form der Induktion kann auch als abgewandelte Form angewendet werden. Dabei hält der Anwender einen Stift in der Hand, die angehoben wird. Die Augen sind auf die Spitze des Stiftes gerichtet und es wird nicht geblinzelt. Durch das Nicht-Blinzeln und die schräg nach oben gerichteten Augen werden die Augenmuskeln schnell müde und die Augen schließen sich nach kurzer Zeit automatisch. Während die Augen geschlossen werden, lässt der Anwender seinen Kopf sinken und den Arm rasch nach unten fallen. Durch diese Bewegung des Arms wird das Gefühl des Sinkens in die Trance verstärkt.

Die Eberwein Methode

Der Diplom-Psychologe Werner Eberwein wurde 1955 geboren und arbeitet seit 1983 als psychologischer Psychotherapeut in Berlin. Zudem ist er auch noch Ausbilder, Blogger, Autor, Coach und Supervisor. Er leitet außerdem das Institut für Humanistische Psychotherapie Berlin sowie das Fort- und Weiterbildungszentrum Berlin der Deutschen Gesellschaft für Hypnose und Hypnotherapie.

Eberwein unterscheidet zwischen drei Trance-Induktionen: explizite, implizite und beiläufige Trance-Induktion. Die explizite Induktion ist als solche erkennbar und wird vom Therapeuten in der Sitzung auch benannt. Der Hypnotisand weiß somit, dass er nun in eine Trance geführt wird. Die implizite Induktion hingegen nimmt der Hypnotisand nicht als solche wahr und auch der Therapeut weiß nicht in jedem Fall, dass er den Hypnotisanden gerade in eine Trance führt. Bei der beiläufigen Induktion wird der Hypnotisand während eines Gesprächs in einen kurzen Trancezustand hineingeführt.

Eberwein arbeitet in seinen Therapie- und Hypnosesitzungen mit unterschiedlichen Methoden, welche sich teilweise auch für die Selbsthypnose eignen. So nutzt er neben der klassischen Trance-Induktion durch Entspannung in einigen Fällen auch die sogenannte Kraftinduktion. Dabei wird die Trance durch Suggestionen über Stärke, Energie und Konzentration herbeigeführt.

Eine weitere Methode zur Induktion nach Eberwein ist die Fokussierung der Aufmerksamkeit auf ein bestimmtes Objekt des Unterbewusstseins, wobei alle anderen Wahrnehmungen ausgeblendet werden. Im nächsten Schritt wird suggeriert, dass das Objekt nach und nach die Aufmerksamkeit und das Bewusstsein des Hypnotisanden immer mehr aufnimmt, bis das Unterbewusstsein nahezu vollständig von diesem Objekt beansprucht wird. Nun wird suggeriert, dass der Hypnotisand immer tiefer in sein Inneres versinkt, bis ein Zustand der Trance erreicht wird.

Zur Bewältigung von Konflikten mit anderen Menschen kann sich der Hypnotisand in seiner Vorstellung in die Person, mit der Schwierigkeiten vorliegen, hineinversetzen und in einen inneren Dialog mit der

Person und sich selbst gehen. In einigen Fällen kann es laut Eberwein auch hilfreich sein, sich in sein "inneres Kind" hineinzuversetzen und die kindhaften Gefühle und Bedürfnisse wahrzunehmen.

In Bereichen der Körperpsychotherapie fordert Eberwein die Hypnotisanden dazu auf, ihre Gefühle und Bedürfnisse im Körper zu spüren und durch Bewegungen, Mimik und Körperhaltung darzustellen. Auf diese Weise entsteht ein verbessertes Körpergefühl und Blockaden können gelöst werden.

Die Möglichkeiten der Selbsthypnose

Die Selbsthypnose bietet dem Anwender viele Möglichkeiten, die dazu beitragen, sein Leben zu verbessern, alte Gewohnheiten abzulegen und Probleme zu lösen. Mit Selbsthypnose lassen sich unbewusste Gefühle und Verhaltensweisen beeinflussen und ausweglos erscheinende Situationen können in einem neuen Licht gesehen werden.

Bei unseren Handlungen und Empfindungen gibt es meistens zwei Seiten: die bewusste und die unbewusste. Zum Beispiel möchte man auf der einen Seite zufriedener sein, unbewusst kommen aber immer wieder Gefühle des Unwohlseins oder Stress auf. Durch die Selbsthypnose können diese unbewussten Gefühle und Verhaltensweisen wahrgenommen und umgestaltet werden. Oftmals kommen Gefühle auf, für die es keine offensichtliche Erklärung gibt, da sie mit früheren Erfahrungen und Erlebnissen zusammenhängen. Der menschliche Verstand kann nicht jede Erfahrung abspeichern, weshalb ein Teil im Unterbewusstsein verankert wird und somit nicht immer präsent verfügbar ist. Durch die Selbsthypnose können diese unterbewussten Erfahrungen und Empfinden an die Oberfläche gelangen und so verarbeitet werden.

Selbsthypnose kann zudem eine sinnvolle Ergänzung zur Psychotherapie darstellen. Dabei kommt es allerdings auf das zu bewältigende Problem und den Patienten an. Bei Problemen ohne ein großes Risiko, wie zum Beispiel die Rauchentwöhnung, kann die Selbsthypnose in den Alltag eingebaut werden, um das Anzünden der nächsten Zigarette zu verhindern. Bei schwerwiegenderen Problemen wie beispielsweise eine Suizidgefahr ist von der Selbsthypnose allerdings abzuraten.

Selbsthypnose kann außerdem dazu eingesetzt werden, um sich auf eine wichtige Herausforderung wie zum Beispiel ein Bewerbungsgespräch oder eine Präsentation vorzubereiten. Man kann sich in der Trance auch die Zukunft ausmalen, indem man sich zum Beispiel vorstellt, welche Erfahrungen in fünf Jahren gemacht werden oder wie das Leben aussehen soll.

Zu den am meisten genutzten Einsatzmöglichkeiten der Selbsthypnose gehören unter anderem:

• Rauchentwöhnung

• Gewichtsreduktion

• Stressbewältigung

• Schlafverbesserung

• Mehr Entspannung

• Ängste und Phobien bewältigen

• Schmerzen lindern

• Selbstwertgefühl steigern

• Leistungsoptimierung in Beruf oder im Sport

• Persönliche Ziele erreichen

• Konzentrationsfähigkeit steigern

Stressbewältigung

Stress gehört zu den am meisten verbreiteten Symptomen in der europäischen Bevölkerung und nimmt immer mehr zu. Etwa jeder dritte Deutsche fühlt sich regelmäßig gestresst. Stress an sich ist zwar keine Krankheit, kann aber zu Krankheiten führen. So fühlt sich etwa jeder Zweite hierzulande von Burnout bedroht und etwa 60% weisen typische Burnout-Symptome wie Erschöpfung, Anspannung oder Rückenschmerzen auf.

Im Laufe des Lebens gibt es immer wieder Situationen, in denen wir uns gestresst fühlen. Häufiger und langanhaltender Stress schränkt allerdings unsere Fähigkeiten und Kompetenzen ein, denn durch Stress wird die Aufmerksamkeit beeinträchtigt. Gestressten Personen fällt es schwer zur Ruhe zu kommen, obwohl Entspannung in einem solchen Zustand besonders wichtig ist.

Selbsthypnose stellt ein effektives Mittel dar, um sich besser entspannen zu können und Stress zu bewältigen. Bereits im Altertum wurde Hypnose angewandt, um körperliche und psychische Leiden zu behandeln. Die Hypnose kann dazu beitragen, eine innere Ruhe und Ausgeglichenheit zu verspüren sowie die Leistungs- und

Konzentrationsfähigkeit zu steigern. Zudem erweist sich die Selbsthypnose als ein geeignetes Mittel zur Entspannung, wodurch der Alltag mit neuer Energie gemeistert werden kann. Während der Selbsthypnose werden unbewusste Verhaltensweisen und Denkmuster, welche zu Stress führen, neu konditioniert und in eine positive Richtung geführt. In der Trance werden die Selbstheilungskräfte aktiviert und die Stressfaktoren somit überwunden. Selbsthypnose verhilft zur Entspannung – dem effektivsten Mittel gegen Stress – und mit etwas Übung gelingt es sogar, sich während einer stressigen Situation zu entspannen. Doch mit der Selbsthypnose kann man sich nicht nur entspannen, man kann auch den Grund für den Stress finden und diesen effektiv bekämpfen.

Es gibt verschiedene Möglichkeiten um eine Selbsthypnose zur Stressbewältigung einzuleiten. So gibt es diverse CDs und Audios speziell gegen Stress, mit denen eine angeleitete Selbsthypnose durchgeführt werden kann. Diese Möglichkeit ist insbesondere für Anfänger der Selbsthypnose geeignet. Es kann aber auch eine völlig freie Selbsthypnose durchgeführt werden. Dabei können Suggestionen wie „Ich bin ausgeglichen und entspannt" verwendet werden. Zur Entspannung kann man während der Trance zudem in eine Situation eintauchen, in welcher man sich bereits entspannen konnte, wie zum Beispiel den letzten Urlaub, oder es wird eine neue Situation imaginiert, indem man sich zum Beispiel vorstellt, wie man auf einer Wiese in der Sonne liegt und dabei nichts außer Vogelgezwitscher hört. Da jeder Mensch andere Situationen als entspannend empfindet, muss zunächst jene gefunden werden, bei der man selbst am ehesten entspannen kann.

Wird die Selbsthypnose regelmäßig durchgeführt und als fester Bestandteil in den Alltag integriert, kann Stress nachhaltig reduziert werden, was zu einem besseren Allgemeinbefinden und zu einer Leistungssteigerung beiträgt.

Stressvermeidung

Stress kann zu einer Vielzahl seelischer und auch körperlicher Probleme führen. Zu den möglichen Folgen übermäßigen Stresses gehören zum Beispiel Depressionen, Burnout, Konzentrationsschwierigkeiten, Kopfschmerzen, Schlafprobleme sowie Herz- und Kreislaufbeschwerden. Um diese negativen Folgen zu vermeiden, sollte man dafür sorgen, dass sich Stress gar nicht erst im Leben breitmacht.

Um Stress zu vermeiden, ist es wichtig, die eigenen Grenzen zu kennen und einzuhalten, ein effektives Zeitmanagement zu schaffen und sich genügend Ruhephasen zu gönnen. Selbsthypnose ist ein ideales Mittel zur Stressvermeidung, da der Anwender dabei automatisch in eine Situation der Entspannung geht. Es empfiehlt sich daher, die Selbsthypnose fest in den Alltag einzubauen und sich so gezielte Auszeiten zu nehmen. Zudem können während der Trance die Probleme und Ursachen, die zum Stress führen, verarbeitet werden. Durch die Hypnose kann gelernt werden, mehr auf die eigenen Gefühle und Bedürfnisse zu achten und diese zu wahren. Denn nur wer sich seiner Grenzen bewusst ist kann auch dafür sorgen, dass diese nicht überschritten werden.

Während der Selbsthypnose kann sich der Anwender eine typische Stresssituation aus seinem Alltag vorstellen und sich dabei ausmalen, wie er die Situation ruhig und souverän meistert. Dabei sollten die Gefühle wie Sicherheit und Gelassenheit genau wahrgenommen werden. Nach einigen Wiederholungen werden diese Gefühle zur Gewohnheit und sorgen dafür, dass stressige Situationen selbstbewusst gemeistert werden.

Bei einigen Menschen kommt es zu Stress, da sie ihre gesamte Energie in den Job stecken, um so eine Form der Anerkennung zu erhalten. Selbsthypnose kann dazu beitragen das Selbstwertgefühl zu steigern, sodass die Selbstbestätigung nicht durch die Erfolge im Job erreicht werden muss.

Im Gegensatz zu anderen Methoden zur Stressvermeidung oder -reduzierung wirkt Hypnose langanhaltend, denn es werden nicht nur die Auswirkungen, sondern auch die Ursachen behandelt. Die Selbsthypnose sollte dabei bereits bei den ersten Anzeichen von Stress angewendet werden, da Stress zu einem Konzentrationsverlust führen kann und eine beeinträchtigte Konzentration das Erlernen der Selbsthypnose erschwert.

Stressabbau

Neben der Stressbewältigung und -vermeidung spielt auch der Stressabbau eine wichtige Rolle, um die negativen Auswirkungen von Stress zu vermeiden. Die eigene Belastungsgrenze ist bei jedem Menschen unterschiedlich. Während einige Menschen ein gewisses Maß an Stress benötigen, um produktiv zu sein, können für andere bereits geringe Mengen von Stress zur Überforderung führen.

Allerdings lässt sich nicht jeder Stress komplett vermeiden. Wer einer Stresssituation und einer damit verbundenen Überlastung ausgesetzt war, sollte jedoch dafür sorgen, den Stress möglichst schnell wieder abzubauen, sodass sich Körper und Geist erholen können. Damit der Stress rechtzeitig abgebaut werden kann, ist es wichtig, bereits die ersten Anzeichen zu erkennen. Die Trance ermöglicht einen Zugang zum Unterbewusstsein und erleichtert es, die eigenen Gefühle besser kennenzulernen sowie die Situationen, die zu Stress führen, zu identifizieren.

Selbsthypnose bietet dafür das geeignete Mittel, denn mit etwas Übung und Erfahrung kann die Hypnose direkt nach einer Stresssituation mit Hilfe eines Ankers zum Einsatz kommen. So kann der entstandene Stress quasi auf Knopfdruck direkt wieder abgebaut werden.

Einfacher besser lernen

Wir lernen ein Leben lang. Doch das Lernen fällt nicht jedem gleich leicht und nicht jedes Thema liegt einem besonders. Oftmals fehlt auch einfach die Motivation, um beispielsweise für eine Prüfung oder den Führerschein zu lernen. Einigen mangelt es zudem an der dafür benötigten Konzentrationsfähigkeit oder es kommt bei ihnen im entscheidenden Moment während der Prüfung zu einem Blackout, sodass sich die gelernten Inhalte nicht abrufen lassen. Dabei können Prüfungen ausschlaggebend für den beruflichen oder schulischen Erfolg sein.

Durch die Anwendung der Selbsthypnose können alle Faktoren, die dem effizienten Lernen im Wege stehen, beseitigt werden. Diese Form der Hypnose kann dabei helfen, die eigene Motivation zu steigern und aufrecht zu halten. Zudem können die Konzentrationsfähigkeit verbessert und die Gedächtnisleistung gesteigert werden. Unter Hypnose werden die Suggestionen tief im Gedächtnis verankert und können bei Bedarf abgerufen werden. Mit der Selbsthypnose kann das Lernen außerdem schneller vonstattengehen, denn oftmals werden während der Trance mehr Inhalte in einer kürzeren Zeit verinnerlicht. Während der Selbsthypnose kann ein Anker in Form eines Codeworts oder eines Gegenstandes gesetzt werden, mit dem das Gelernte schnell und einfach abgerufen werden kann.

Oftmals lassen sich schlechte Noten und Probleme beim Lernen nicht auf eine mangelnde Intelligenz oder fehlende Fähigkeiten zurückführen, sondern auf Ängste. Lernblockaden und Ängste lassen sich durch Selbsthypnose effektiv beseitigen. So können Prüfungen entspannt in Angriff genommen werden, wodurch das Lernen nicht mehr negativ oder mit einem Gefühl von Stress behaftet ist. Wer entspannt und selbstbewusst an eine Prüfung herangeht, wirkt zudem selbstsicher, was insbesondere bei mündlichen Prüfungen und Präsentationen wichtig ist. Selbsthypnose ist auch für Menschen, die unter ADS oder ADHS leiden, eine geeignete Methode, um die Aufmerksamkeit und Konzentration zu steigern und das Lernen zu erleichtern.

Es kommt beim Lernen jedoch nicht nur auf die Fähigkeiten an, denn auch Schlaf ist für Lernprozesse essenziell. Studien konnten belegen, dass Schlaf

notwendig ist, damit wir schnell und genau lernen
können. Versuchspersonen, die nach dem Lernen ein
Schläfchen gemacht haben, schnitten bei Leistungstests
besser ab als jene, die nicht schlafen durften. Die
Selbsthypnose sorgt für die nötige Entspannung und
kann zu einem besseren Schlafverhalten beitragen. Es ist
zudem möglich, den Entspannungszustand während der
Hypnose zu nutzen, um anschließend schneller in den
Schlaf zu finden.

Nichtraucher werden

In Deutschland rauchen etwa 30% der Erwachsenen.
Dass das Rauchen in erheblichem Maße
gesundheitsschädlich ist, dürfte Rauchern bekannt sein.
Dennoch fällt es den meisten schwer, mit dem Rauchen
aufzuhören. In 90% der Fälle endet die
Rauchentwöhnung durch reine Willenskraft mit einem
Rückfall. Mit Hypnose liegt die Erfolgsquote hingegen bei
bis zu 50 %.

Damit die Rauchentwöhnung erfolgreich ist, ist es
notwendig, dass der Raucher dazu bereit ist, mit dem
Rauchen aufzuhören. Um zu prüfen, ob die
Rauchentwöhnung durch Hypnose erfolgreich sein kann,
sollte man sich daher im Vorfeld folgende Fragen stellen:

• Will ich wirklich mit dem Rauchen aufhören?

• Bin ich wirklich dazu bereit, mit dem Rauchen
aufzuhören, und denke nicht nur, dass ich aufhören
sollte?

• Bin ich dazu bereit, mir die nötige Zeit für die
Selbsthypnose-Einheiten zu nehmen?

Wer diese Fragen mit „Ja" beantworten kann, könnte mit der Selbsthypnose zur Rauchentwöhnung erfolgreich sein.

Für das Rauchen sind oftmals bestimmte Verhaltensmuster verantwortlich, die bereits tief im Inneren verankert sind. So handelt es sich beim Rauchen zum Beispiel um ein Mittel zum Stressabbau oder zur Belohnung. Mit Selbsthypnose können die Ursachen für das Rauchen herausgefunden und verarbeitet werden. Die unbewussten Verknüpfungen zwischen der Zigarette und den alltäglichen Situationen können somit aufgelöst werden.

Im Gegensatz zu anderen Mitteln der Rauchentwöhnung wird mit der Hypnose das Verlangen nach dem Rauchen nach und nach gemindert, bis es vollständig erlischt. Dies führt dazu, dass es nach der Selbsthypnose auch nicht zu den Entzugserscheinungen kommt, die nach anderen Methoden zur Rauchentwöhnung oftmals als sehr schlimm empfunden werden. Somit entfällt auch die Kompensation durch neue Süchte. Viele Menschen, die mithilfe der Hypnose mit dem Rauchen aufgehört haben, haben anschließend insgesamt gesünder gelebt.

Zur Rauchentwöhnung können bei der Selbsthypnose Suggestionen zum Einsatz kommen. Findet das Rauchen in bestimmten Situationen, die beispielsweise mit Stress behaftet sind, statt, können mithilfe der Selbsthypnose andere Methoden zur Stressbewältigung gefunden und verankert werden. Imaginationen über das Leben als Nichtraucher und die gesteigerte Gesundheit können ebenfalls miteingebracht werden.

Damit die Rauchentwöhnung durch die Selbsthypnose erfolgreich sein kann, ist es in erster Linie wichtig, dass die Motivation zum Aufhören vorhanden ist und die Selbsthypnose regelmäßig angewandt wird. Eine einzelne Hypnose-Einheit ist bei diesem Anwendungsgebiet in der Regel nicht ausreichend.

Ängste abbauen (angstfrei leben)

Angst schützt uns vor möglichen Gefahren und sichert somit unser Überleben. Einige Menschen leiden allerdings unter Ängsten, die keinen ersichtlichen Grund haben. Angststörungen, zu denen Angst, Panik sowie Phobien zählen, gehören zu den am häufigsten vorkommenden psychischen Störungen. Schätzungsweise leiden über zwei Millionen Menschen in Deutschland unter Angstsymptomen. Die Ängste sind dabei tief im Unterbewusstsein verankert und lassen sich nicht einfach auflösen, selbst wenn der Verstand erkannt hat, dass kein Grund zur Angst besteht. Wer unter Angststörungen leidet, ist oftmals in seinem Alltag eingeschränkt und weist ein vermindertes Wohlbefinden auf.

Mit Hilfe von Hypnose lassen sich Ängste abbauen und das Allgemeinbefinden verbessern. Oftmals ist ein bestimmtes Ereignis (Trauma) für die Angstgefühle verantwortlich. Dieses ist allerdings fest im Unterbewusstsein verankert und kann daher nicht so einfach verarbeitet werden. Während der Trance können Inhalte des Unterbewusstseins zum Vorschein gebracht und verarbeitet werden. So wird der Auslöser für die Angst direkt bekämpft. Dabei besteht das Ziel nicht darin, die Angst komplett zu beseitigen, sondern einen geeigneten Umgang mit ihr zu erlernen. Es kann unter Selbsthypnose zum Beispiel ein Anker gesetzt werden, mit dem in Situationen der Angst ein Gefühl der Entspannung und Gelassenheit hervorgerufen wird.

Mit der Selbsthypnose wird die Angst auf mehreren Ebenen behandelt. Zum einen wird ein Weg gefunden, wie man mit der Angst umgehen kann, und das Gefühl der Angst wird durch Gelassenheit ersetzt. Außerdem werden mit der Selbsthypnose die körperlichen Erscheinungen, die mit der Angst einhergehen (Herzrasen, Muskelspannung, erhöhter Blutdruck) vermindert.

Um Ängste wie zum Beispiel die Flugangst abzubauen, bietet es sich an, sich die angstauslösenden Situationen vorzustellen und die dabei aufkommenden Gefühle wahrzunehmen. Auf diese Weise sieht der Anwender zunächst im sicheren Rahmen, dass nichts Schlimmes passiert. Betritt er nach den Hypnose-Einheiten ein Flugzeug, kann er sich an die Imagination während der Trance erinnern und sich bewusst machen, dass nichts passiert. Eine weitere Technik ist das sogenannte Reframing, bei dem angstauslösenden Dingen eine andere Bedeutung gegeben wird. Liegt beispielsweise eine Prüfungsangst vor, kann suggeriert werden, dass das Gefühl der Angst nicht negativ, sondern förderlich für den Erfolg ist.

Viele Menschen treiben regelmäßig Sport. Dabei packt oftmals sowohl Leistungs- als auch Hobbysportler der Ehrgeiz: Sie wollen gewinnen, besser sein als andere oder ihre persönlichen Ziele erreichen. Die meisten denken, dass der sportliche Erfolg von der körperlichen Fitness abhängig ist, doch der Wille und die mentale Stärke sind ebenfalls ausschlaggebend. Viele Sportler werden durch den Trainer, eigene Versagensängste oder ihren Ehrgeiz unter Druck gesetzt, was dazu führt, dass sie nicht ihr vollständiges Potenzial entfalten können. Selbsthypnose hilft dabei, diesen inneren Druck zu nehmen und die Ressourcen in uns zu aktivieren. Hypnose kann allgemein zu besseren Leistungen in jeder Sportart führen, egal ob es sich dabei um Golf, Fußball, Schwimmen oder Tennis handelt.

Durch Selbsthypnose können das Selbstvertrauen der Sportler gestärkt und Ängste abgebaut werden. Oftmals kommt es zu negativen Gedanken vor einem wichtigen Sportereignis, wie beispielsweise Sorgen, dass man verliert. Mittels der Selbsthypnose können Sportler einen Weg finden, die negativen Gedanken zu kontrollieren und durch positive zu ersetzen. Zudem lässt sich die Konzentrationsfähigkeit, die bei einigen Sportarten besonders wichtig ist, verbessern.

Mit positiven Vorstellungen und Suggestionen kann der Sieg innerlich ausgemalt werden, um anschließend mit positiven Gefühlen und einem erhöhten Selbstbewusstsein an das Ereignis herangehen zu können. Zudem kann Selbsthypnose in Pausen oder Auszeiten eingesetzt werden, um die eigenen Kräfte schneller wieder aufzutanken. Die hypnotische Trance kann zudem genutzt werden, um Lösungen mithilfe des Unterbewusstseins zu finden. So kann beispielsweise eine Taktik verwendet werden, mit der der gefürchtete Gegner beim Boxen besiegt oder der Torschuss beim Fußball optimiert werden kann.

Selbsthypnose ist ein leicht erlernbares Mittel, sodass sie sich im Grunde für jeden Sportler eignet. Wichtig ist es dabei, die Hypnose regelmäßig durchzuführen. Je nach Person und Sportart können unterschiedliche Hypnosetechniken hilfreich sein. Wenn es einem schwerfällt, für sich die passende zu finden, kann man zunächst eine Sitzung mit einem erfahrenen Hypnotiseur durchführen und mit ihm die passenden Methoden während der Selbsthypnose finden.

Schneller und besser erholen

Unsere Gesundheit ist nicht nur von unserer körperlichen Verfassung abhängig, sondern auch von unserer seelischen. Die heutige Gesellschaft ist geprägt von Leistung, Stress und stetigem Wandel. Hoher Leistungsdruck und Stresssituationen können uns auf Dauer krank machen, weshalb es besonders wichtig ist, sich genügend Pausen zu gönnen. Für lange Auszeiten fehlt im Alltag jedoch häufig die Zeit. Selbsthypnose bietet die Möglichkeit zur schnellen Erholung, sodass wieder neue Kraft zur Bewältigung des Alltags und des Jobs getankt werden kann.

Jede Hypnosesitzung – egal zu welchem Thema – ist gleichzeitig auch Entspannung. Sie kann aber ebenfalls gezielt zur Entspannung und Erholung eingesetzt werden. Zur schnellen Erholung sollte man sich zunächst einen ruhigen Ort für die Selbsthypnose suchen. Wer bereits geübter ist, kann die Selbsthypnose auch als kurze Auszeit mitten im Alltag oder am Arbeitsplatz einsetzen.

Es gibt verschiedene Methoden, mit denen Entspannung und Erholung während der Selbsthypnose herbeigeführt werden können. So kann beispielsweise die Imagination verwendet werden, indem man sich einen realen oder imaginären Ort vorstellt, der mit Ruhe und positiven Gefühlen in Verbindung gebracht wird. Auch Suggestionen sind ein geeignetes Mittel zur Erholung und können beispielsweise lauten: „Ich fühle mich gelassen und entspannt" oder „Ich bin voller Kraft".

Nicht nur die kleinen Auszeiten im Alltag sind wichtig, damit wir uns erholen können, sondern auch ausreichend Schlaf. Wer ständig unter schlaflosen Nächten leidet, fühlt sich schlapp und gereizt. Selbsthypnose kann dafür eingesetzt werden, um schnell in den Schlaf zu finden. Oftmals kommen unzählige Gedanken auf, die einen am Schlafen hindern. Während der Trance können diese Gedanken nacheinander wahrgenommen und gedanklich fest in einer Box verschlossen werden. Anschließend wird die Box in Gedanken aus dem Schlafzimmer verbannt und es wird suggeriert, dass das Einschlafen nun schnell gelingt.

Bewegungsabläufe optimieren

Bei Bewegungsabläufen handelt es sich um koordinierte, willkürliche Abfolgen von einzelnen Bewegungen. Diese sind in den meisten Fällen fest antrainiert. Bewegungsabläufe spielen beim Sport, aber zum Beispiel auch beim Musizieren eine große Rolle. Damit diese

Abläufe gleichmäßig erfolgen und ein Höchstmaß an Effizienz bei einem möglichst geringen Kraftaufwand aufweisen, ist regelmäßiges Training wichtig. Für einen optimalen Bewegungsablauf müssen sich zum einen Muskeln und Sehnen an die neuen Bewegungen anpassen, zum anderen muss aber auch das Gehirn die Abfolgen der Bewegungen erlernen. Wie schnell Bewegungsabläufe verinnerlicht und antrainiert werden, hängt von deren Komplexität, der Person und deren Fähigkeiten ab.

Selbsthypnose kann dazu beitragen, Bewegungsabläufe schneller zu erlernen und zu optimieren. Damit sie fest im Unterbewusstsein verankert werden, müssen sie immer wieder wiederholt werden. Während der Selbsthypnose können im Unterbewusstsein bestimmte Auslösereize verankert werden, mit denen die Bewegungsabläufe jederzeit schnell abrufbar sind. Durch die eigene Vorstellungskraft können die Bewegungsabläufe gedanklich durchgegangen und wiederholt werden, sodass sie bei Abruf in der Realität bereits mental verfestigt wurden.

Zum Optimieren der Bewegungsabläufe eignet sich insbesondere die Hypnosetechnik der Zeitverzerrung. Dabei können Abläufe, welche in Wirklichkeit nur von kurzer Dauer sind, innerlich gedehnt und verlangsamt werden. So lassen sie sich genau untersuchen und optimieren.

Ziele verwirklichen (Mach dein eigenes Ding)

Im Laufe unseres Lebens setzen wir uns immer wieder Ziele, wie zum Beispiel den beruflichen Aufstieg oder das Steigern sportlicher Leistungen. Allerdings werden oftmals nicht alle Ziele erreicht. Mit Selbsthypnose kann das Unterbewusstsein erreicht und damit ein eigenes unbewusstes Potenzial zum Erreichen der Ziele genutzt werden.

Um Ziele verwirklichen zu können, müssen diese zunächst erkannt und benannt werden. Die Ziele sollten dabei nach der sogenannten SMART-Formel formuliert werden. SMART steht in diesem Zusammenhang für:

S: spezifisch

M: messbar

A: attraktiv

R: realistisch

T: terminiert

Das bedeutet, dass die Ziele einen Soll-Zustand und keine Handlungen beinhalten. Dieser Zustand muss messbar, motivierend und realistisch umsetzbar sein. Zudem sollte ein genauer Termin genannt werden, bis zu dem das Ziel erreicht werden sollte.

Sobald ein Ziel festgelegt wurde, kann es an dessen Verwirklichung gehen. In der Hypnose wird zwischen assoziierter und dissoziierter Wahrnehmung unterschieden. Bei der assoziierten Wahrnehmung wird das Erlebte aus den eigenen Augen der Hypnotisanden betrachtet, weshalb Gefühle besonders präsent und intensiv sind. Im Fall der dissoziierten Wahrnehmung hingegen sieht sich der Hypnotisand als außenstehende Person, wodurch Gefühle kaum bis gar nicht wahrgenommen werden.

Welche Wahrnehmungsweise zum Erreichen des Ziels unter der Selbsthypnose eingenommen werden sollte, hängt von dem zu erreichenden Ziel ab. Sollen berufliche oder materielle Ziele erreicht werden, sollten diese dissoziiert wahrgenommen werden, denn wenn man sie assoziiert wahrnimmt, gelten sie bereits im Unterbewusstsein als erfüllt und es gibt keine Motivation mehr, an der Verwirklichung der Ziele zu arbeiten. Soll hingegen zum Beispiel das Selbstbewusstsein gestärkt, eine Präsentation gemeistert oder eine sportliche Leistung erbracht werden, ist die assoziierte Wahrnehmung von Vorteil. Wenn zum Beispiel eine Angst vor dem Halten von Vorträgen vorliegt, kann die Präsentation innerlich erfolgreich gehalten werden, sodass positive Gefühle mit der Präsentation in Verbindung gebracht werden. Wird die Präsentation dann tatsächlich vorgetragen, können diese positiven Gefühle und Gedanken wieder hervorgeholt werden.

Die Wirksamkeit der Hypnose für medizinische Zwecke ist seit langem bekannt. Bereits im antiken Griechenland wurde der sogenannte Tempelschlaf genutzt, bei dem die Patienten in eine Art hypnotische Trance versetzt wurden. Naturvölker in Asien, Afrika und Australien nutzen die Hypnose ebenfalls bereits seit Jahrtausenden für heilende Zwecke. In unserer westlichen Kultur hingegen hatte die Hypnose lange kein hohes Ansehen, sie wird auch heutzutage noch von vielen Wissenschaftlern als unwirksam abgetan.

Dabei konnte die Wirksamkeit der Hypnose bereits in etlichen Studien nachgewiesen werden. So gab es beispielsweise in Jena mehrere Versuche zur Wirksamkeit der Hypnose. Bei einer der Studien sollten die Teilnehmer blaue Quadrate zählen, die vor ihnen auf einem Bildschirm gezeigt wurden. Etwa 90% der Teilnehmer konnten diese Aufgabe korrekt meistern. Anschließend wurden die Probanden in Trance versetzt und ihnen wurde suggeriert, dass sie ein Holzbrett vor den Augen hätten. Die Teilnehmer konnten danach im Schnitt etwa 20% weniger Quadrate richtig zählen. Weitere Studien konnten die schmerzlindernde Wirkung der Hypnose belegen sowie ihre Wirksamkeit bei verschiedenen Beschwerden wie Magen-Darm-Erkrankungen, Atemwegserkrankungen und Neurodermitis.

In einigen Fällen wird von negativen Erfahrungen mit der Selbsthypnose berichtet. Diese beruhen größtenteils darauf, dass die Anwender nicht an den Erfolg der Selbsthypnose geglaubt haben. Da es sich bei der Hypnose um eine Kopfsache handelt, kann die Selbsthypnose nicht funktionieren, wenn ihre

Wirksamkeit angezweifelt wird. Auch unrealistische oder zu hohe Erwartungshaltungen können dazu führen, dass die Selbsthypnose unwirksam ist. Wichtig ist auch, dass Suggestionen richtig formuliert werden. Dabei gilt es insbesondere darauf zu achten, dass sie keine Negationen enthalten, da es ansonsten zum gegenteiligen Effekt kommen kann.

Wer der Selbsthypnose offen gegenübersteht, an deren Erfolg glaubt, keine unrealistische Erwartungshaltung hat und auf die richtige Anwendung achtet, wird von der positiven Wirkung profitieren und die gewünschten Ziele erreichen können.

Meditation – Yoga, Chakren und Heilsteine

Grundlagen und wissenswerte Informationen

Das Erlernen der Meditation ist für Hypnotiseure von Vorteil. Zum einen kann dadurch die Kunst der Selbsthypnose schneller und besser erlernt werden, zum anderen ist die Beruhigung des eigenen Geistes von enormer Bedeutung. Bei Hypnoseformen, die zu therapeutischen Zwecken angewandt werden, kann es durchaus zu hypnotischen Rückkopplungen kommen.

Eine hypnotische Rückkopplung tritt dann auf, wenn Sie während der Hypnosesitzung gleiche oder ähnliche Bilder in ihrem Geist wahrnehmen wie der Hypnotisand. Ein derartiges Ereignis kann für Sie als Hypnotiseur sehr verwirrend sein. Ein geschulter und ausgeglichener Geist, der durch Meditation gefestigt ist, wird mit einer solchen Situation viel besser fertig. Außerdem wird Ihnen die Meditation dabei helfen, sich in einen tranceartigen Zustand zu versetzen, wenn dies nötig sein sollte.

Formen und Aktivitäten zur bewussten Entspannung und Erholung gehören zu unserem Alltag. Eine ganze Branche kümmert sich schließlich nur darum, dass die wenigen Wochen Urlaub im Jahr zu einem perfekten Erlebnis des Ausruhens werden.

Man kann daher durchaus annehmen, dass unser moderner Lebenswandel bei vielen Menschen zunehmend einen Ort oder eine Möglichkeit der

Besinnung und Beruhigung vermissen lässt. Außerdem erleben insbesondere westliche religiöse Einrichtungen einen Verlust an Mitgliedern, der an fluchtartige Verhältnisse erinnern lässt. Vielen Menschen fehlt eine übergeordnete natürliche und spirituellen Leitlinie, die sich für einige scheinbar in den Schriften asiatischer Grundlehren finden lässt. Meditation ist uns zwar nicht unbekannt, doch vor allem in Asien hat die Kunst der Beherrschung von Körper und Geist eine ganz anders dimensionierte Bedeutung.

Vielen fehlt diese natürliche Darstellung der Verbindung zwischen dem Menschen und seiner Umwelt. Aus diesem Grund verspricht eine Auseinandersetzung mit dem eigenen Selbst im Versuch, sich auf die wesentlichen Aspekte der Welt und des Lebens zu reduzieren, vielen Menschen eine Aussicht auf Verständnis, Einsicht und letztendlich innere Ruhe.

Der Einstieg in die Meditation

Die Entscheidung zwischen professioneller Anleitung und Selbstlernen

Meditation klingt eigentlich recht simpel, denn man scheint sich nur bequem hinsetzen und dann entspannen zu müssen. Ganz so einfach ist es dann aber doch nicht, allerdings ist es auch nicht wesentlich komplizierter. Der Begriff „Meditation" stammt aus dem Lateinischen und bedeutet so viel wie nachdenken, überlegen und nachsinnen. Interessanterweise ist das Wort auch im Griechischen nicht wesentlich anders, bedeutet es doch so viel wie denken und sinnen.

Tatsächlich handelt es sich bei der Meditation um eine bewusste Form der Konzentration, die dazu dient, Geist und Körper zu vereinen und zu stärken. Dabei kennen wir sowohl christliche als auch fernöstliche Traditionen der Meditation. Was ihnen gleich ist, ist ein möglicher, doch nicht zwingender religiöser Bezug, wobei der Mensch Kraft seiner individuellen geistigen Eigenschaften im Mittelpunkt der Bemühungen steht. Es soll durch Meditation versucht werden, auf die eigenen Empfindungen und geistigen Zustände Einfluss und Kontrolle zu nehmen. Entspannung und Beruhigung sind dabei nur zwei Möglichkeiten neben weiteren möglichen und erreichbaren Bewusstseinszuständen. In der Tat wird durch Meditation auch versucht, das Bewusstsein zu erweitern und durch neue Erfahrungen zu vergrößern.

Der Wunsch, durch Meditation lediglich mehr Ruhe und innere Gelassenheit zu erreichen, ist natürlich ebenso legitim wie der Wunsch nach geistiger Reinheit und großer Entwicklung. Tatsächlich ist es durchaus möglich, durch Anleitungen und Fachliteratur einen eigenen Einstieg in die Meditation zu finden. Doch viele Einsteiger unterschätzen die Effekte des Trainings auf den Körper und vor allem auf die Psyche. In der Tat konnten die positiven Effekte der Meditation vor allem auf das Gehirn durch unterschiedliche Forschungen belegt werden. Durch regelmäßige Meditation ist es also durchaus möglich, mehr Gelassenheit und innere Ruhe zu entwickeln.

Der Einstieg in die Meditation kann also durchaus eigenständig geschehen, sofern eine Auseinandersetzung mit den entsprechenden Grundlagen stattfindet. Wer tiefer in die Welt der Meditation einsteigen möchte, braucht aber meistens nicht nur besonderes Zubehör, sondern wird auch die Unterstützung eines erfahrenen Lehrers zu schätzen wissen.

Welche Vorteile bietet das Meditieren?

Eine Übersicht über die Vorzüge und Möglichkeiten des Meditierens

Aus meiner Sicht gibt es tausende gute Gründe dafür, sofort mit dem Meditieren zu beginnen. Diese reichen von körperlichen und geistigen gesundheitsfördernden Effekten bis hin zu bewusstseinserweiternden Erfahrungen und der Entwicklung einer entspannenden, gelassenen Haltung gegenüber sich selbst und der Umwelt.

In der Tat konnten stichhaltige wissenschaftliche Untersuchungen wiederholt Aufschluss darüber geben, zu welchen medizinischen Vorteilen regelmäßiges Meditieren führt. Dabei wird die Meditation generell als eine Art mentales Training verstanden, bei dem der Meditierende zu einer verbesserten Selbstwahrnehmung gelangt und damit zu einer gewissen Selbstregulation befähigt wird. Meditation hat also einen Einfluss auf das zentrale Nervensystem ebenso wie auf das Gehirn.

Doch auch darüber hinaus ist der Effekt der Meditation auf die Psyche nicht zu unterschätzen und lässt sich wissenschaftlich nachvollziehen. Dabei kann ich aus eigener Erfahrung berichten, dass eine durchgehende meditative Übung dabei helfen kann, Schmerzen, Ängste, Depressionen und auch Suchtverhalten zu behandeln und zu kontrollieren. Somit befähigen die Grundsätze zur Befindlichkeit und zur Selbstwahrnehmung dazu, positive Emotionen und Gefühle zu stärken.

Meditation ist also nicht nur eine subjektiv positiv wahrgenommene Chance, Körper und Geist sinnbildlich zu vereinigen. Tatsächlich lassen sich die Effekte der Meditation anhand veränderter Strukturen im Gehirn feststellen. Diese Chancen durch gezielte Meditation versprechen große Potenziale bei der Behandlung von Angstpatienten und bei neuronal begründeten Erkrankungen. Demnach wird zunehmend davon ausgegangen, dass die Hirnalterung durch Meditation positiv beeinflusst werden kann. Außerdem soll Meditation dabei helfen, das Risiko von Alzheimer und Demenz effektiv zu reduzieren.

Meditation ist also erwiesenermaßen nicht einfach nur ein faules Herumsitzen und Nachdenken. Die Folgen für die Psyche und den Körper sind durchaus ernst zu nehmen und können einen aktiven Beitrag zu einem langen, gesunden und aktiven Lebenswandel leisten.

Ein Meditationskissen kaufen

Eine Übersicht zur Auswahl und zu den wichtigen Eigenschaften eines Kissens zur Meditation

Grundsätzlich bedarf es zur Meditation keiner besonderen Ausrüstung und auch die Anforderungen an die Umgebung sind denkbar gering. Kein Wunder also, dass vor allem moderne Menschen die Effekte der Meditation gerne nutzen, denn im Punkt Vorbereitung ist der Anspruch denkbar gering. Meditation eignet sich also hervorragend für eine Pause im beruflichen Alltag oder als Unterbrechung bei anstrengenden Aufgaben.

Dennoch gehört ein gutes und solides Meditationskissen früher oder später einfach zum Meditieren dazu. Und das mit Recht, denn ein ordentliches Meditationskissen muss nicht zwingend teuer sein, um alle persönlichen Ansprüche zu erfüllen. Da ist es umso erfreulicher, dass im Handel eine beeindruckende Auswahl an Meditationskissen zur Verfügung steht: Kissen in runder und ovaler Form, rechteckig oder geformt als Halbmond mit unterschiedlichen Füllmaterialien.

Entsprechend der Form ergibt sich die jeweilige Füllung. Demnach kann gesagt werden, dass ein Meditationskissen, das sehr hoch ist, auch meist mit extra stabilen und formhaltenden Materialien wie Dinkelspelz gefüllt ist. Kleinere und niedrigere Meditationskissen werden oftmals mit Buchweizenschalen befüllt, weil diese wenig Füllvolumen haben und außerdem klein und weich sind. Schließlich wird Kapok meistens für eher flache und breite Sitzkissen genutzt. Diese besondere Schafswolle ist sehr leicht und behält lange ihre Form.

Es fällt schnell auf, welche Details und Eigenschaften beim Kauf eines Meditationskissens besonders wichtig sind. Die Auswahl und Art der Materialien ist daher nicht nur auf symbolischer und ethischer Ebene von Interesse. Schließlich besteht beim Meditieren immer ein direkter Kontakt mit dem Kissen. Zwar wird die Meditation in der Regel bekleidet durchgeführt, doch ein angenehmes, bequemes und positives Sitzgefühl ergibt sich meistens durch die Kombination verschiedener Elemente. Aus diesen Gründen sollte bei der Wahl des eigenen Meditationskissens auf die verwendeten Rohstoffe und

Materialien geachtet werden. Diese sollten nicht nur natürlichen Ursprungs, sondern auch leicht zu reinigen und robust in der Handhabung sein.

Die Meditationsbank

Beim Meditieren ist eine angenehme und bequeme Körperhaltung wichtig, die ohne größeren Aufwand und zunehmendes Unbehagen für eine längere Zeit gehalten werden kann. Dabei erfolgt die Konzentration auf Atmung und Herzschlag ebenso wie die Besinnung und Beruhigung des Geistes. Aus diesem Grund bevorzugen die meisten Menschen Sitzmöglichkeiten, die direkt auf dem Boden abgelegt werden können und eine aufrechte Sitzhaltung ermöglichen. In der Tat ist das aufrechte Sitzen beim Meditieren besonders vorteilhaft, denn es ist eine bequeme Mischung aus Körperspannung und Entspannung.

Die möglichen Sitzvarianten sind dabei sehr verschieden und richten sich nach den persönlichen Vorlieben und Voraussetzungen. Es fällt des Öfteren auf, dass vor allem das Sitzen in Bodennähe und dazu noch mit gefalteten oder gekreuzten Beinen für die meisten Mitteleuropäer eine ungewohnt anstrengende Körperhaltung darstellt. Daher können das Gewicht und der Druck auf die Gelenke schnell ausgesprochen unangenehm werden. Viele Mitmenschen hierzulande bevorzugen deshalb vergleichsweise hohe, steife Meditationskissen, die eine starke Stützfunktion besitzen.

Wenn das jedoch nicht reicht und ein Stuhl oder Sessel keine sinnvolle Alternative darstellt, kann eine Meditationsbank genau die passende Lösung sein. Gerade beim Fersensitz, der für europäische Verhältnisse ungewohnt und unbequem wirkt, kann eine passende Meditationsbank die perfekte Erleichterung bieten. Eine ordentliche Bank zum Meditieren unterstützt eine gerade Sitzhaltung und entlastet den Rücken und insbesondere die Kniegelenke. Dasselbe gilt übrigens für den berühmten Lotussitz, der im asiatischen Raum als behaglich gilt, in Europa jedoch völlig unüblich ist.

Entsprechend der eigenen Vorlieben und körperlichen Voraussetzungen sind Meditationsbänke zwischen 15 und 25 Zentimeter hoch, wobei die Sitzfläche für eine Person groß genug ist und dabei leicht nach vorne geneigt ausgeführt wird. Ob die Meditationsbank die richtige Höhe hat, sollte unbedingt im Vorfeld getestet werden. Ist sie nämlich zu hoch, lässt sie Bequemlichkeit und Sicherheit vermissen.

Denn grundsätzlich sollten durch den Einsatz einer Meditationsbank sowohl der Fersensitz als auch der Lotussitz ohne Probleme ausgeführt werden können. Viele Europäer bevorzugen den Einsatz einer Meditationsbank gegenüber einem Meditationskissen, zumal sie in verschiedenen Designs und Ausführungen erhältlich ist. Eine gute Meditationsbank überzeugt übrigens nicht zuletzt durch nachhaltig aufgeforstete Materialien aus der Region, die robust, hochwertig und langlebig sind. So kann auch das Yogatraining optimal gestaltet werden, und vielleicht ist es damit irgendwann einmal möglich, den Lotussitz auch ohne weitere Unterstützung einzunehmen.

Ein Meditationsset für alle Anforderungen

Unterwegs auf längeren Strecken und auf Reisen mit wenig Gepäck

Die meisten Menschen bevorzugen beim Kauf ihres Meditationskissens eine runde, üppige Form mit einem behaglichen, weichen, aber nicht zu weichen Füllmaterial. In der Regel bleibt ein solches Kissen schließlich innerhalb eines bestimmten Radius, entweder zu Hause oder im Meditationsraum. Wenn das Kissen nicht andauernd umständlich bewegt werden muss, kann sich eine schwere und solide Ausführung durchaus als sinnvoll erweisen. Wenn allerdings schon der Weg zum Meditationstraining zur Herausforderung wird, sollte eine praktischere Alternative in Betracht gezogen werden.

Zum Glück bietet der Handel eine Fülle von Reise-Meditationskissen an. Denn insbesondere unterwegs hat sich die Meditation zum Einschlafen und Durchschlafen zigfach bewährt. Soll das Meditationskissen also ebenfalls Wien, Berlin und andere Reiseziele schadlos und ordentlich erreichen, kann ein aufblasbares Kissen die perfekte Lösung darstellen. Dieses lässt sich nämlich sehr handlich zusammenfalten und ungemein platz- und gewichtssparend im Gepäck mit sich führen. Aufgrund der überschaubaren Größe bedarf es außerdem keiner besonderen Pumpe, die auch noch extra mitgeführt werden müsste. Ist das Meditationskissen aufblasbar, lässt es sich ganz leicht und schnell einsatzbereit aufpusten und ebenso simpel wieder kleinmachen.

Es bieten sich zudem auch sehr flache Ausführungen an, die ohne viel Raum einzunehmen ganz handlich ins Gepäck passen. Dies wird vielfach geschätzt, denn auf diese Weise ist gleichzeitig immer ein zusätzliches Kissen zum Schlafen greifbar. Es ist also wichtig, bei einem Meditationskissen fürs Reisen zwischen Luftfüllung und klassischer Füllung zu unterscheiden. Darüber hinaus sollten insbesondere Reisemeditationskissen besonders robust, solide und leicht zu reinigen sein. Ein nützlicher Tipp bietet sich übrigens auf längeren Reisen an, denn wenn das Meditationskissen im Handgepäck gefaltet transportiert wird, kann es während der Reise für mehr Bequemlichkeit sorgen.

Das perfekte Meditationskissen

Die Qual der Wahl oder doch lieber ein beliebter Klassiker?

Es lässt sich unbestritten erkennen, dass sich Handel und Einzelhandel gerne gegenseitig mit sagenhaften Angeboten übertrumpfen, und das macht auch vor Meditationssets nicht halt. Doch gerade beim Einstieg in die Meditation sind diese verlockenden Angebote häufig wenig hilfreich und erschweren vielmehr die eigene Entscheidung. Welche Anschaffung ist wirklich sinnvoll? Auf welches Zubehör kann am Anfang gut verzichtet werden? Welche Auswahl gibt es überhaupt? Worauf ist zu achten? Insbesondere bei einem eher begrenzten Budget sind empfohlene Käufe ohne Sinn und Verstand besonders unangenehm.

Ideal wäre demnach ein Meditationskissen, das alle positiven und wünschenswerten Eigenschaften besitzt, vielseitig einsetzbar ist und dennoch nicht in unerschwinglichen Preisklassen angeboten wird. An dieser Stelle hat sich das Calming Breath Meditationskissen bewährt. Ein Calming Breath Kissen überzeugt durch seine geschmackvolle, dezent zurückhaltende Gestaltung und seine unschlagbaren Eigenschaften. Bei dem kompakten und soliden Meditationskissen von Calming Breath kommen mehrfach gereinigte Buchweizenschalen zum Einsatz, die sich durch eine weiche Textur und eine zuverlässige Formstabilität auszeichnen.

Der robuste, satt gefärbte und dennoch natürlich wirkende Stoff kann durch praktische Ideen wie etwa das handliche Trageband überzeugen. Außerdem besitzen die Calming Breath Kissen separate Innen- und Außenbezüge, die sich gut und praktisch reinigen lassen. Schließlich handelt es sich um ein naturnahes Produkt, das mit unbelasteten Materialien in höchster Qualität ausgeführt wird.

Nicht zuletzt lassen sich die Füllhöhe und die Festigkeit des Kissens nach Belieben ändern. So unterstützt dieses hervorragende Meditationskissen einen sicheren, soliden und aufrechten Sitz und entlastet dabei Gelenke und Wirbelsäule. Nicht zuletzt ist diese überzeugende Qualität erhältlich zu einem ausgesprochen fairen Preis, der laut Kundenmeinung absolut berechtigt ist. Wenn ein Meditationskissen den Test bei Preis und Leistung bestehen kann, dann bestimmt das Calming Breath Meditationskissen.

Das Zabuton Kissen

Alternativen aus Asien

Hierzulande werden klassische Sitzmöglichkeiten aus Asien immer beliebter. Dazu zählt vor allem das Zabuton: Dieses traditionelle japanische Kissen ist quadratisch ausgeführt und mit einer weichen Füllung versehen. Eine Zabuton Meditationsmatte wird dabei nicht ausschließlich direkt auf den Boden gelegt. Traditionell ist es auch üblich, ein Zabuton als Unterlage für ein Meditationskissen einzusetzen. Moderne Meditierende schätzen das leichte, platzsparende Kissen, das sich vor allem beim häufigen und längeren Meditieren bewährt hat. Es unterstützt eine sehr natürliche Körperhaltung und schützt dabei trotzdem zuverlässig vor Druckstellen und dem kälteren Boden.

Wer also ein passendes Zabuton Kissen kaufen möchte, sollte darauf achten, dass die Füllung hochwertig ist und in mehreren Schichten ausgeführt wurde. Ein gutes Zabuton ist flexibel und trotzdem formstabil. Es ist ebenfalls wichtig, das sich der Bezug leicht abnehmen und waschen lässt, denn schließlich kommt das Kissen ständig mit dem Boden in Kontakt.

Das große Chakra

Oder wie erklärt sich der Zusammenhang aus physischem Körper und dem Astralkörper?

Im asiatischen Raum ist das klassische Verständnis von Körper und Geist ganz anders, als wir Europäer es kennen. Auch die klassische asiatische Volksmedizin unterscheidet sich völlig von unserer modernen Medizin. Daher erscheinen uns viele Dinge aus der asiatischen Kultur besonders natürlich und grundsätzlich. Aus diesem Grund beschäftigen sich immer mehr Mitmenschen mit exotischen Kulturen und fernöstlichen religiösen Inhalten.

Ein wichtiges Thema, das auch in Westeuropa zunehmend Anhänger und Freunde findet, ist die hinduistische und buddhistische Lehre der Energiezentren zwischen dem physischen Körper und dem feinstofflichen Körper. Damit ist die Lehre der sieben Chakren, die als Energiezentren des menschlichen Körpers gelten, gemeint. Sie sind auch miteinander verbunden, und zwar durch sogenannte Energiekanäle. Die Chakren befinden sich im menschlichen Körper und orientieren sich entlang der Wirbelsäule als eine Art senkrechte Mittelachse des Individuums.

Ebenfalls verbunden sind die sieben Chakren durch einen mittleren Energiekanal, der als Sushumna-Nadi bezeichnet wird und die Kundalini-Kraft den Körper hinauf leitet. Es obliegt dem Menschen selbst, das Kundalini zu erwecken und nach den persönlichen Möglichkeiten zu entwickeln. Bis dahin ruht diese mögliche Energiequelle in der Form einer eingerollten Schlange im untersten Zentrum.

Ganz einig ist man sich heute allerdings nicht bei der Interpretation der Chakren als Lebensenergie, und das liegt nicht daran, dass die moderne Schulmedizin dieses Prinzip mit sehr großer Skepsis betrachtet.

Vielmehr ist zu bemerken, dass sich die unterschiedlichen Lehren und Schulen teilweise stark voneinander unterscheiden, und zwar vor allem bezüglich der genauen Informationen zu den Funktionen und Positionen der Chakren. Zumeist gilt das Grundprinzip der sieben Chakren, doch es werden ebenso das Vorhandensein und die Aufgaben möglicher Nebenchakren diskutiert.

Wer sich jedoch einsteigend mit Meditation, Yoga und anderen Formen der Entspannung und Konzentration beschäftigen möchte, muss sich nicht am Diskurs über

Details und Kleinigkeiten beteiligen. Schließlich gilt es, den eigenen Erwartungen und Möglichkeiten entsprechend ein passendes Training auszuwählen.

Wenn dieses gefunden wurde und erfolgreich umgesetzt wird, bietet sich schließlich immer noch genug Zeit, um in die Debatten einzusteigen. Bis dahin sind übrigens auch aus den meisten Anfängern und Einsteigern solide Experten geworden mit fundiertem Wissen, auf dem sich sinnvoll aufbauen lässt.

Die Hauptchakren

Erläuterung und Grundlagen zum Verständnis der Übungen zu Meditation und Yoga

Man muss kein bekennender Christ sein, um die Lehre der sieben Chakren mit einer gewissen Skepsis zu betrachten. Doch bei der Auseinandersetzung mit Yoga und anderen fernöstlichen Formen der Meditation kommt man schließlich nicht umhin, sich mit diesen elementaren Grundlagen zumindest eingangs zu befassen. Wer Chakren allerdings nur für den letzten esoterischen Müll hält, sollte sich vielleicht lieber eine andere Form der Meditation aussuchen.

Als Chakren werden die sieben subtilen Kraftzentren des Körpers bezeichnet, die von unten nach oben verlaufen. Das Muladhara gilt demnach als Wurzelchakra, während des Svadhisthana als Sexual- oder Sakralchakra bezeichnet wird. Das Manipura gilt als Nabel- oder Solarplexuschakra und das Anahata als Herzchakra. Unter dem Vishuddha wird das Hals- oder Kehlchakra verstanden und das Ajna wird als Stirnchakra bezeichnet. Schließlich endet diese Kette mit dem Sahasrara, dem Kronen- oder Scheitelchakra.

Diesen Chakren wird ein grundlegender und spezieller körperlicher sowie geistiger Einfluss zugeschrieben. Dabei ist der Zustand der einzelnen Chakren entscheidend für die Gesundheit und Funktion der ihnen zugeordneten Organe und Körperfunktionen. Deshalb haben die Chakren auch einen erheblichen Einfluss auf die Emotionen, den Charakter und die gesamte Psyche eines Menschen. Sind die Chakren blockiert oder ist ihre

Funktion gestört, kann sich dies in körperlichen und geistigen Beschwerden äußern.

Dementsprechend zielen die Übungen des Yoga darauf ab, die Chakren zu harmonisieren und entsprechende Blockaden zu lösen. Durch Yoga oder Meditation allgemein wird somit das Ziel verfolgt, eine ganzheitliche Heilung für Körper, Geist und Seele zu erreichen. Es soll sich eine Einheit und Ganzheit entwickeln, aus der sich die gesundheitliche und spirituelle Weiterentwicklung herleiten kann.

Im Yoga wird darauf hingearbeitet, dass alle sieben Chakren sowie das Kronenchakra geöffnet sind und dass die alles erfüllende Lebensenergie Prana ohne Unterbrechungen und Störungen frei durch den Körper fließen kann. Ist dieser Zustand erreicht, kann der Mensch im buddhistischen und hinduistischen Glauben schließlich Erleuchtung erlangen.

Meditation und Besinnung

Eine westlich geprägte Form der Entspannung und des „In-sich-selbst- Gehens"

Viele Europäer betrachten das fernöstliche Verständnis des Hinduismus und des Buddhismus in Bezug auf Gesundheit und Medizin mit größter Skepsis. Das sei jedem Menschen selbst überlassen. Wer sich allerdings auch nicht von modernen Untersuchungen und wissenschaftlichen Erkenntnissen zu den positiven Effekten der Meditation überzeugen lassen möchte, dem kann einfach nicht geholfen werden.

Allen anderen sei der Ansatz nahegelegt, sich unvoreingenommen und vorurteilsfrei der Thematik anzunehmen. Schließlich ist die Auseinandersetzung mit dem eigenen Körper und Geist eine sehr persönliche Angelegenheit. Und wenn sich diese Form der Visualisierung – wie sich die Chakren schließlich auch interpretieren lassen – persönlich als hilfreich und förderlich erweist, spricht nichts dagegen, sich durch Yoga oder Meditation selbst zu einer besseren Gesundheit und einem gesteigerten Wohlbefinden zu verhelfen.

Viele begeisterte Yogis arbeiten dabei mit besonderen Zeichen und sogenannten Chakra Symbolen. Diese werden in der Form von Körperschmuck getragen und bei sich geführt. Darüber hinaus stehen die verschiedenen Chakren in Verbindung mit einzelnen Elementen, Mineralien, Kristallen, Pflanzen und Substanzen. Auf diese Weise bietet sich sowohl Einsteigern als auch Fortgeschrittenen die Auseinandersetzung mit der theoretischen Materie nach den eigenen Möglichkeiten, Interessen und Vorlieben.

Das Prinzip und System der Chakren ist umfangreich und teilweise kompliziert, denn nicht zuletzt besteht immer noch ein hitziger Diskurs um die exakten Details und Zusammenhänge. Doch die elementaren Beziehungen zwischen den Chakren sind sehr einfach und anschaulich zu verstehen. Außerdem ist die Auseinandersetzung mit den persönlichen Beschwerden in Verbindung zu den Chakren eine sehr simple und elementare Erfahrung im Umgang mit Körper und Geist. Daher ist es nicht verwunderlich, dass sich auch viele Europäer und vornehmlich christlich geprägte Menschen vom Verständnis der Chakren angesprochen fühlen.

Die Bedeutung der Chakren für den menschlichen Körper und der Bezug zu Yoga und Meditation

Ganz einfach gesagt beschreibt die Lehre der Chakren, dass der Fluss der Lebensenergie durch die Chakren und damit den menschlichen Körper gestört sein kann. Ist dies der Fall, hat der Betroffene mit unterschiedlichen physischen und psychischen Leiden zu kämpfen. Es ist demnach das Ziel, durch Übungen für Körper und Geist die Blockaden der Chakren zu lösen, damit die Lebensenergie wieder frei und ungestört fließen kann. Sind die Chakren in Ordnung, fließt die Energie störungsfrei. Ist der Mensch geistig und körperlich gesund, kann er auf diesem Weg Frieden und Erlösung finden.

Dazu werden verschiedene Techniken und Übungen angewendet, die sich an den einzelnen Chakren orientieren. Das Stirnchakra ist zum Beispiel verantwortlich für die Erkenntnisfunktion und steht in einem direkten Zusammenhang mit Intuition und Fantasie. Die Stirnchakrabedeutung ist mit dem dritten Auge vergleichbar, das über der wahrnehmbaren Realität steht und die Verbindung zum übergeordneten Unbekannten darstellt. Sehr ähnlich und trotzdem differenziert zeigt sich hingegen das Kronenchakra, denn es stellt allgemein die geistliche und spirituelle Verbindung der menschlichen Seele zum Körper und zum Leben dar. Die Kronenchakrabedeutung betrifft das unmittelbar wahrgenommene Gefühl, das sich auch als Mitgefühl bemerkbar machen kann und sich Ausdruck verleiht in einer grundlegenden Zufriedenheit und einem ganzheitlichen Verständnis aller Dinge.

Das Magenchakra oder auch Solarplexuschakra äußert sich als Resonanzmittel zur Emotionalität und zu den mentalen sowie körperlichen Verflechtungen. Gedanken, Glaubenssätze, Persönlichkeit, Selbstverständnis, Identität, Unterbewusstsein, aber auch Macht und Handeln sind Aspekte, die sich aus dem Magenchakra ergeben können – sowohl positiv als auch negativ. Um beim Halschakra Blockaden zu lösen, muss der Grund dafür gefunden werden, warum es schwierig oder gar unmöglich sein kann, die eigenen Gedanken und Gefühle richtig zu deuten und anzunehmen. Im Halschakra bündeln sich die Energien aus der Weisheit und dem höheren Verstand. Demnach kann eine Blockade dort nur gelöst werden, indem die eigene Position und Entwicklung ohne Scheu und Abwehr angenommen und ausgelebt wird. Innerhalb des Yoga und der Meditation werden dazu spezielle Klangheilungen und Rhetoriktrainings eingesetzt.

Anders äußert sich das Nabelchakra, das als Zentrum aller persönlichen Talente und Fähigkeiten gilt. Unsicherheit, starke und unbegründete Zweifel, eine fehlende Selbstachtung, Schlafstörungen, Albträume und Verfolgungswahn sind Anzeichen dafür, dass das Nabelchakra blockiert ist. Doch auch Erkrankungen der Verdauungsorgane, Atembeschwerden und Probleme mit dem Stoffwechsel sind Anzeichen dafür. Um beim Nabelchakra Blockaden lösen zu können, bedarf es unbedingt zunächst passender Maßnahmen, bevor die anderen Chakren behandelt werden. Mit einem freien Nabelchakra kann die Sonnenenergie frei und ungestört fließen, und das macht sich in einem positiven und starken Selbstbild bemerkbar.

Schließlich ist es teilweise auch notwendig, beim Sakralchakra eine Blockade zu lösen. Dieses Chakra ist die ursprüngliche Lebenslust als Versinnbildlichung der göttlichen Schaffenskraft. Kreativität und Schaffenskraft leiden erheblich, wenn dieses Chakra gestört oder gar blockiert ist. Der Betroffene leidet dann unter Antriebslosigkeit und Depressionen, wobei auch Süchte und Suchtverhalten auftreten können. Um nicht einsam und isoliert zu enden, sollte beim Lösen einer Blockade des Sakralchakra langfristig und stetig vorgegangen werden.

Die Behandlung der Chakren ist eine ganzheitliche und vollumfängliche Angelegenheit, bei der sowohl die einzelnen Aspekte der Chakren als auch das gesamte körperliche Bild im Kontext von sich selbst und der Umgebung betrachtet werden muss. Dazu bieten sich verschiedene Formen und Möglichkeiten auch in der Hypnose an, um die Gesundheit und Funktionalität der Chakren zu gewährleisten und zu erhalten.

Chakra und Schmuck

Zusammenhänge zwischen den Chakren und psychischen Elementen

Es liegt gewissermaßen auf der Hand, dass eine Religion oder zumindest religiöses Verhalten in Kombination mit gesundheitlichen Beschwerden auf verschiedenen Ansätzen und Lösungen gründet. Somit werden den einzelnen Chakren im Hinduismus und Buddhismus ebenso unterschiedliche Elemente wie zum Beispiel Pflanzen, Farben, Mineralstoffe und Edelsteine zugeordnet. Aber auch Kräuter und Nahrungsmittel werden in eine individuelle Verbindung mit bestimmten Chakren gebracht. Das Verständnis dahinter liegt in der Möglichkeit der unterschiedlichen Formen zur Behandlung und Stärkung der Chakren. Chakra Schmuck hat sich aus diesem Grund nicht nur im asiatischen Raum zunehmender Beliebtheit erfreut.

Die Schmuckstücke sind nicht nur hübsch und beeindrucken durch ihr natürliches, individuelles Design. Sie können auch unterstützend und stärkend auf die Chakren wirken. Somit bietet sich ein Chakren Anhänger bei verschiedenen Problemen des Hals- oder auch des Solarplexuschakras an, vor allem aufgrund der physischen Nähe. Ein Chakra Kettenanhänger ist besonders beliebt, weil sich mit ihm verschiedene Anhänger auswählen, untereinander austauschen und miteinander kombinieren lassen.

Doch vor allem die Chakra Armband Wirkung wird von vielen Freunden der Meditation und des Yoga geschätzt. Dies liegt möglicherweise an der direkten Nähe zu den Pulsadern, welche an dieser Stelle lediglich durch sehr dünne und sensible Haut bedeckt werden. Darüber hinaus werden den einzelnen Chakren auch individuelle Symbole zugeordnet. Wer also eine besondere Vorliebe für ein bestimmtes Chakra besitzt, kann diese zum Beispiel auch durch ein Meditationskissen Chakra optisch und gestalterisch umsetzen.

Kristalle, Edelsteine und heilendes Wasser

Westliche Formen der natürlichen Heilmethoden

Wer beim Thema Esoterik davon ausgeht, dass umfangreiche exotische Theorien und Ideen zum menschlichen Leben nur aus den fernöstlichen Gebieten unseres Planeten stammen, der irrt sich erheblich. Denn man kennt auch hier bei uns natürliche Heilmittel und Verfahren, wobei man zugegeben muss, dass das Christentum und die abendländische Vernunft dazu beigetragen haben, dieses Wissen unwiederbringlich zu verlieren.

Doch da Menschen im Grunde überall gleich sind, bieten exotische Religionen und Lebensweisheiten auch uns Europäern eine große Fülle an Inspiration und Möglichkeiten. Außerdem ist Naturheilwissen hierzulande nicht vollkommen unbekannt. In asiatischen Kulturen ist es üblich, Hilfsmittel und Instrumente zu nutzen, die beim Meditieren und bei der Konzentration hilfreich sind. Hatakama Nepala sind auch in Europa eine beliebte Unterstützung zur Meditation. Die Instrumente, die uns als Klangschalen bekannt sind, werden mit einem Schlägel angeschlagen oder gestreift, wobei sich ein vielseitiger, irdischer Klang ergibt, der langsam abflacht und durch seine Resonanzen beeindruckt.

In unseren Breitengraden sind Bernstein, Bergkristall und Mondstein sehr beliebt. Einerseits handelt es sich hierbei um edle Mineralien, die sich natürlich entwickeln und somit ihren ganzheitlichen Bezug zu Natur und Umwelt beinhalten. Andererseits hat auch das Christentum diese besonderen Steine in seine kultischen Rituale einfließen lassen. Ungeachtet dessen ist das Kaufen eines Mondsteins ungemein beliebt, denn das Produkt ist nicht nur hübsch, sondern erfüllt auch verschiedene elementare Ansprüche.

Dasselbe gilt für den <u>Bergkristall Rübezahl</u>, denn dieser durchsichtige Stein ist ein klarer Quarz und wird auch als Schwindelstein oder Herkimer Diamant bezeichnet. Neben zahlreichen Funktionen und Wirkeigenschaften besticht der Bergkristall Rübezahl durch seine verstärkende Wirkung auf andere Edelsteine.

Darüber hinaus eignet sich dieser Kristall ganz hervorragend, um eigenes Edelsteinwasser herzustellen. Die Anleitungen und Zutaten dazu lassen sich mittlerweile ganz einfach online finden, sodass keine fragwürdigen, teuren Handbücher mehr gekauft werden müssen.

Die meisten Menschen aus unseren Regionen schätzen jedoch, ungeachtet der religiösen und esoterischen Umstände, Edelsteine und Kristalle, die aus der direkten Umgebung ihres Lebensraums stammen. Hier nimmt der Bernstein eine besondere Stellung ein, denn streng genommen handelt es sich bei diesem Schmuckstein nicht um einen Edelstein. Dennoch ist die Entstehung und Entwicklung vor dem eigentlichen Fund so beeindruckend. Außerdem sind Bernsteine sehr schön anzusehen und fühlen sich auf der Haut angenehm an. Kein Wunder also, dass vor allem eine Bernsteinhalskette bei vielen ganz oben auf der Wunschliste steht.

Meditation und Yoga für jeden

Wer sollte vor dem Einstieg auf besondere Hinweise achten?

Es lässt sich immer wieder lesen, dass jeder Mensch Yoga machen kann, der auch atmen kann. Das klingt vielversprechend und optimistisch, und vor allem zum

Thema Meditation lassen sich online unzählige Seiten, Foren und Anlaufstellen finden, die mit einfachen Anleitungen für Einsteiger den Weg ins Yoga und in die professionelle Meditation bahnen sollen.

Doch in der Tat ist Meditation ebenso eingeschränkt zu empfehlen wie Yoga, und wer mit chronischen Beschwerden und Erkrankungen zu kämpfen hat, sollte von eigenwilligen Versuchen unbedingt absehen. Auch unter professioneller Aufsicht kann ein ordentliches Meditationstraining durchaus anspruchsvoll sein – für den Körper, aber vor allem auch für die Psyche. Um hier nicht auf unangenehme Überraschungen zu stoßen, empfiehlt sich neben dem Gespräch mit einem professionellen Yoga- oder Meditationslehrer auch ein Besuch beim behandelnden Arzt. Dieser kann Empfehlungen und Hinweise vor allem dazu geben, wie ein sicheres und ordentliches Training unter Berücksichtigung der eigenen körperlichen Beschwerden durchgeführt werden sollte.

Weniger ist mehr

Welches Zubehör gibt es über die Grundausstattung hinaus beim Yoga?

Besonders praktisch beim Yoga ist der Umstand, dass mit etwas Übung und Routine quasi überall trainiert werden kann. Doch insbesondere zum Einstieg ins Yogatraining ergeben sich viele Fragen nach dem notwendigen Zubehör. Ist es wirklich notwendig, alle empfohlenen Hilfsmittel zu kaufen? Welche Hilfsmittel gibt es überhaupt? Und wann lohnt sich die Anschaffung der teilweise recht teuren und außerdem sehr speziellen

Ausrüstung? Die gewählte Form des Yoga ist entscheidend dafür, ob und welche Utensilien über die Kleidung hinaus noch benötigt werden. Eine kurze Übersicht soll dabei helfen, die wichtigsten Hilfsmittel für Yoga kennenzulernen und zu unterscheiden.

Das klassische Yoga kennzeichnete sich vor allem durch den Grundsatz der Reduzierung, sowohl materiell als auch spirituell. Mit den Maßnahmen, sich aller überflüssiger Dinge des Alltags zu entledigen, soll der Yogi durch Konzentration, Körperbeherrschung und ständiges Training sein Leben zu Gleichheit und Ausgleich führen. Auf klassischen Darstellungen originaler Yogis und Meister fällt daher auf, dass sie durch wenig Kleidung und Zubehör auffallen.

Im modernen Yoga sieht dieses Prinzip nicht viel anders aus. Doch gerade zum Einstieg empfiehlt sich nicht nur die Anleitung eines erfahrenen und kompetenten Lehrers. Auch das Zubehör sollte sinnvoll ausgesucht werden, damit der Sport sicher und zuverlässig ausgeführt werden kann. In der Folge der sich steigernden Übungen und der wachsenden Fähigkeiten der Schüler findet meistens eine Orientierung auf einen bestimmten Teil des Yoga statt, und dazu kann es notwendig sein, besonderes Zubehör einzusetzen.

Zwar ist man häufig mit seinem Yogazubehör unterwegs, doch auf Reisen kann dies durchaus sperrig sein. Ist das Yogakissen allerdings aufblasbar, spart das viel Platz im Fluggepäck. Beim aufblasbaren Yogakissen ist darauf zu achten, dass es aus mindestens zwei Kammern besteht. In der Regel gelten hier Durchmesser zwischen 30 und 50 Zentimetern ebenso wie eine flexibel einrichtbare Höhe als üblich. Eine aufblasbare Yogamatte sollte vor dem

Kauf gut betrachtet werden, denn vor allem das Handgefühl ist sehr wichtig. Ein gutes Reiseyogakissen erkennt man demnach anhand seiner sparsamen Abmessungen und auch durch seine besonderen Formen. Zum Beispiel kann ein solches Yogakissen auch lang ausfallen oder zumindest eine längliche Form besitzen. Damit eignet es sich auch ideal als eine Unterstützung beim Schlaf. Wenn ein aufblasbares Yogakissen zu fremd erscheint, kann daher auf ein solches Reiseyogakissen zurückgegriffen werden. Dieses Kissen ist nicht so hoch und fest geformt, besitzt aber dennoch die beliebte Kapokfüllung und lässt sich gut in verschiedene Formen falten.

Yogataschen und Transportbeutel

Zugegeben, eine gute und passend große Sporttasche ist vollkommen ausreichend, um alle notwendigen Utensilien für das Yoga sicher und bequem zu transportieren. Doch wenn gerade keine große Sporttasche zur Hand ist oder sie bereits verwendet wird, kann sich die Anschaffung einer speziellen Yogatasche durchaus anbieten.

Der Gedanke ist nicht ganz neu, denn sowohl der Einzelhandel als auch der Fachhandel bieten eine riesige Auswahl an unterschiedlichen Beuteln und Yogataschen an. Sowohl farblich als auch funktionell gibt es deutliche Unterschiede ebenso wie bei der Auswahl der Materialien und der Herstellung. Genauso verschieden und individuell wie jeder Mensch zeigen sich die zahlreichen Angebote bekannter und eher weniger bekannter Hersteller, die ihre Produkte mit differenzierten

Einzelheiten und Eigenschaften voneinander abgehoben darstellen.

Grundsätzlich lässt sich die Auswahl unterteilen in moderne und eher klassisch gestaltete Yogataschen. Dies ergibt sich als interessanter Zusammenhang, denn nicht nur von außen betrachtet erscheint die „Gemeinde" der Yogafreundinnen und -freunde durchaus optisch geteilt in diese beiden groben Kategorien. Dementsprechend leicht voneinander zu unterscheiden sind die Angebote an Yogataschen, zumindest in Bezug auf Design und Materialauswahl.

Doch ganz gleich, ob sportlich modern, elegant und zeitlos, verspielt floral, spirituell bedeutsam oder einfach das perfekte Produkt, um alle notwendigen Sachen fürs Yoga handlich und praktisch aufzubewahren und zu transportieren: Eine gute Yogatasche ist vor allem genau so ausgestattet, wie man es persönlich braucht. Deshalb sollten beim Kauf neben Preis, Garantie, Qualitätshinweisen oder auch Widerrufbedingungen vor allem die Staufunktionen genau betrachtet werden. Dazu ist es hilfreich zu überlegen, was alles zum Yoga mitgenommen werden soll. Eine Yogatasche besteht vornehmlich aus einer größeren Hülle oder Befestigungsmöglichkeit, um eine eingerollte Yogamatte mitführen zu können. Das ist praktisch, doch wer keine Yogamatte benutzt, kann auf dieses Detail zugunsten anderer Staumöglichkeiten auch gut verzichten.

Die passende Yogatasche besitzt also genug Platz, um die gesamte Kleidung mitzuführen. Ideal ist auch eine abgetrennte Aufbewahrungsmöglichkeit für benutzte Textilien wie Handtücher oder Leibwäsche. Des Weiteren sollte auch Platz sein für Getränke und Duschutensilien.

Überdies können unterschiedlich viele und groß gestaltete Taschen Stauraum für Kleinteile und Kleinigkeiten bieten. Entsprechend der Größe und des Umfangs der Dinge, die zum Yoga mitgenommen werden sollen, sollte auch die Größe der Yogatasche gewählt werden. Kleinere Taschen sind insgesamt leichter und einfacher zu handhaben, während größere Taschen Platz bieten für zusätzliches Gepäck. Nicht vergessen werden sollten letztlich die Hinweise zur Hygiene und Reinigung der Yogatasche. Die eigenen Vorstellungen und Gewohnheiten sollten sich in der Art der empfohlenen Reinigung widerspiegeln. Schließlich stehen somit der optischen Gestaltung und Vorliebe keine bestimmbaren Grenzen gegenüber.

Sicherheit und Zuverlässigkeit

Mattenauflagen zum Schutz der Yogamatte

Im Grunde ist es vollkommen ausreichend, mit einer ordentlichen Yogamatte ausgerüstet auf nahezu jedem glatten, trockenen und sauberen Boden zu trainieren. Doch oftmals sind die Bedingungen dazu nicht so ideal, wie man es sich idealerweise wünschen würde. Um auch bei etwas mehr Staub und weniger gut geheizten Böden nicht gleich verzweifeln zu müssen, kann sich die Anschaffung einer Mattenauflage zum Schutz der Yogamatte und für ein komfortables Training anbieten.

Unsaubere Bedingungen, niedrige Temperaturen und ungünstige Böden sind beim Yoga nicht nur unangenehm oder kleinlich. Tatsächlich können diese Umstände ein sicheres Training gefährden und zu gesundheitlichen Folgen führen. Eine Erkältung ist dabei vielleicht noch halbwegs annehmbar, aber eine Blasenentzündung oder verkühlte Nieren sind keine Kleinigkeiten mehr.

Ob jemand grundsätzlich empfindlich auf die Bedingungen beim Yoga reagiert oder einfach saubere, sichere und gesunde Trainingsvoraussetzungen bevorzugt, spielt bei der Anschaffung einer Mattenauflage für das Yoga dabei keine Rolle. Vorsicht ist schließlich immer besser als Nachsicht, und umsichtiges Handeln ist letztlich ein Bestandteil der Philosophie des Yoga.

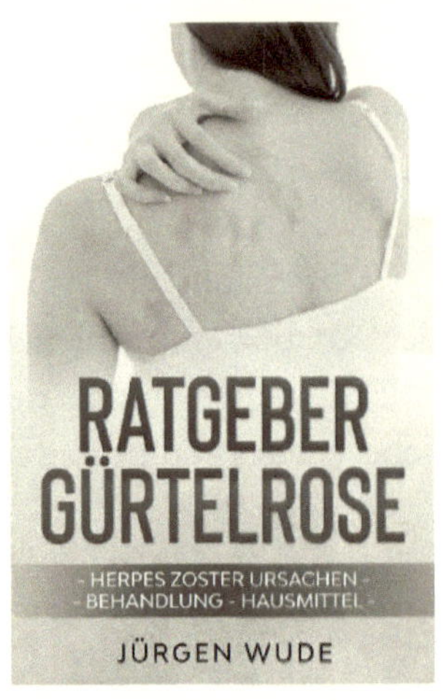

Ganz gleich, warum die Entscheidung zum Kauf einer Mattenauflage für das Yogatraining gefällt wird, die Auswahl sollte sich direkt an den persönlichen Erwartungen und Anforderungen orientieren. Außerdem ist zu bedenken, dass sich eine ordentliche Mattenauflage grundsätzlich wesentlich leichter und effektiver reinigen lässt als eine Yogamatte. Doch das ist nicht der einzige Vorteil, den eine hochwertige Mattenauflage für Yoga bieten kann.

In der Tat überzeugt eine gute Mattenauflage durch die Qualität der Ausführung und die Verwendung hochwertiger Materialien. Neben natürlichen Grundstoffen sind vor allem synthetische Materialien sehr beliebt, denn sie sind ausgesprochen robust, zuverlässig und pflegeleicht. Eine gute Mattenauflage für das Yoga ist leicht und handlich zu transportieren. Sie ist rutschfest, isolierend und absorbierend, lässt sich unkompliziert reinigen und trocknet schnell ohne den Einsatz einer maschinellen Trocknung.

Eine Mattenauflage ist beim Yoga besonders dann nützlich, wenn die Trainingsstätte regelmäßig gewechselt und fremdes Zubehör verwendet wird. Da sie im Vergleich zur Yogamatte besonders flexibel und vielseitig nutzbar ist, eignet sie sich hervorragend für jede Gelegenheit und ist nicht nur fürs Yoga optimal geeignet.

Schließlich zeichnet sich eine gute Mattenauflage durch ihre robuste und hochwertige Ausführung, eine zuverlässige Farb- und Materialtreue sowie nicht zuletzt durch eine denkbar einfache Handhabung und effektive Reinigung aus.

Der Yogablock als ideale Unterstützung

Nicht immer ist es sinnvoll und nützlich, beim Yogatraining allein auf einer flachen Yogamatte zu trainieren. Insbesondere Einsteiger sind zu Beginn unsicher und untrainiert, sodass manchmal auch vergleichsweise simple Übungen nur schwer umgesetzt werden können. Vor allem die benötigte Körperspannung und das teilweise ausgedehnte Verharren in bestimmten Körperhaltungen können dabei zur echten Herausforderung werden. Damit die ersten Übungen nicht direkt zur ersten Frustration führen, bietet sich die Nutzung eines Yogablocks an.

Gerade beim Einstieg in das Yoga ist es wichtig, dass die Körperhaltung kontrolliert wird und die Übungen ordentlich durchgeführt werden. Wer bis dahin jedoch mit Sport und kontrollierter Bewegung nicht viel am Hut hatte, stößt schnell auf verschiedene Hürden. Doch auch Personen, die aufgrund körperlicher Beschwerden mit dem Yoga beginnen, können bereits mit recht einfachen Übungen überfordert sein. Als Folge lässt die Freude am Yoga häufig nach und aufgrund der Enttäuschung, vor allem über sich selbst, werden die kleinen erreichten Ziele und Erfolge oft nicht angemessen wahrgenommen.

Hinzu kommt, dass gerade ungeübte Sportler sich leicht selbst überschätzen und zu viel von sich verlangen. Das kann unangenehm und sogar mit schmerzhaften Verletzungen enden. Es ist daher absolut keine Schande und schon gar nicht unüblich, zum effektiven Yogatraining passende Hilfsmittel einzusetzen. Hierbei haben sich zwar auch übliche Turnhilfen und -geräte durchaus bewährt, doch es wurden auch sogenannte Yogablöcke eigens für das Yogatraining entwickelt. Sie bestehen aus leichtem und dennoch hochstabilem Schaumstoff und werden, je nach Bedarf und geplanter Übung, in unterschiedlichen Formen ausgeführt.

Ein Yogablock bietet sich also in verschiedenen Größen, Formen und auch Farben an, wobei selbst neue Produkte höchster Qualität zu einem attraktiven Preis erhältlich sind. Die Auswahl des passenden Yogablocks richtet sich dabei vor allem nach der Art der geplanten Übung. Je nachdem, welche Routine vorgenommen wird, bietet sich auch ein entsprechender Yogablock an. Doch auch darüber hinaus ist der Einsatz dieser Yogahilfsmittel flexibel. Nicht zuletzt erfordern einige Yogastile ohnehin den Einsatz eines Hilfsmittels wie den Yogablock, weil die Übungen ohne diese Unterstützung nicht umgesetzt werden können.

Dabei ist es nicht zwingend notwendig, ausschließlich Yogablöcke namhafter Hersteller zu wählen. Ein guter Yogablock ist stabil, leicht und besitzt keine scharfen oder harten Kanten. Idealerweise hat der Yogablock einen abnehmbaren Bezug, der sich leicht handhaben und reinigen lässt. Darüber hinaus bieten sich zahlreiche Ausführungen an, sodass jeder Beginner und Profi gleichermaßen den optimalen Yogablock für sich für ein effektives, sicheres und angenehmes Yogatraining aussuchen kann.

Yogagurte und Hilfsmittel

Grundsätzlich zeichnet sich Yoga dadurch aus, dass mit denkbar wenigen Mitteln und geringen Ansprüchen an die Umgebung nahezu jederzeit und an jedem Ort trainiert werden kann. Neben der passenden Kleidung und einer ordentlichen Yogamatte bedarf es daher nicht unbedingt viel, um ein effektives und gutes Yogatraining durchzuführen. Und tatsächlich dauert es beim Einstieg auch meistens eine ganze Weile, bis der individuelle Leistungsstand ein Niveau erreicht, bei dem eine Matte allein voraussichtlich nicht mehr lange ausreichen wird.

Hinzu kommt, dass nicht alle Arten des modernen Yoga ausschließlich mit einer Matte ausgeführt werden. Doch auch Anfänger schätzen die vielseitigen Möglichkeiten der Yogagurte, welche das Training vereinfachen und verbessern können. Die Unterstützung der individuellen Übungen durch einen Yogagurt zeigt sich im Sitzen, aber auch in gebeugter Körperhaltung oder im Stehen. Ein Yogagurt ist ideal für Asanas im Sitzen, unterstützt eine optimierte Armdehnung, sorgt für eine bessere körperliche Ausrichtung und führt zu einer soliden Balance.

Einsteiger sowie Fortgeschrittene schätzen an guten Yogagurten, dass Dehnungen, die ohne Hilfsmittel nur schwierig oder gar nicht möglich sind, langsam aber sicher auf sanfte Weise erreicht werden können. Mit einem Yogagurt können einzelne Positionen vertieft ausgeführt werden, und zwar ohne zusätzliche Belastungen der Muskulatur, Bänder und Gelenke. Schließlich bedeutet dies nicht nur ein angenehmeres und effektiveres Training, sondern führt langfristig zu einer verbesserten Körperhaltung.

Ein ordentlicher Yogagurt ist in der Anschaffung nicht sündhaft teuer. Außerdem lassen sich die Gurte platzsparend verstauen und besitzen ein sehr geringes Gewicht. Bei der Auswahl des perfekten Yogagurtes sollte allerdings genau geprüft werden, ob Ausführung und Qualität angemessen hochwertig umgesetzt wurden. Grundsätzlich setzt sich ein Yogagurt zusammen aus einem mehr oder minder langen, flachen und etwas breiten Band, das zumeist mit einer Schnalle zum Regulieren der Länge ausgestattet ist. Die meisten Gurte sind zwischen 1,5 und 2,6 Meter lang und ungefähr drei bis vier Zentimeter breit. Zum Einsatz kommt neben natürlichen Materialien wie Baumwolle zumeist Polyester. In jedem Fall sollte das Band dicht und fest genäht sein.

Die integrierte Schnalle besteht wahlweise aus Kunststoff oder Metall und ist, den eigenen Vorlieben entsprechend, unterschiedlich ausgeführt. Grundsätzlich gilt bei der Auswahl, dass längere Gurte umfangreiche Einsatzmöglichkeiten bieten. Außerdem scheiden sich bei der Form und Ausführung der Schnalle sprichwörtlich die

Geister. Wer sich unsicher ist, sollte sich einen fachlichen Rat holen oder einfach mutig sein und so lange probieren, bis der perfekte Yogagurt gefunden wurde.

Meditationskissen für jeden Bedarf

Hat nicht schon jeder einmal darüber nachgedacht, sich einen eigenen Raum nur für das Meditieren und Yogatraining einzurichten? Es muss ja nicht gleich eine permanente Umgestaltung notwendig sein. Bereits mit einer Auswahl an Decken, Kissen und Sitzmöglichkeiten lassen sich Wohnzimmer oder Schlafzimmer leicht in einen Raum der Ruhe und Besinnung umwandeln. Zusammen mit angenehmen Textilien und der passenden Beleuchtung ist der Effekt schon ziemlich perfekt. Und kein Meditationsraum ist vollständig ohne Meditationskissen.

Meditationskissen sind unter verschiedenen Namen bekannt, zum Beispiel als Sitzkissen oder Pouf. Dabei spielt es allerdings grundsätzlich keine Rolle, welchen Namen dieses praktische Sitzmöbel hat, denn schließlich lässt es sich nicht nur perfekt für Yoga nutzen. Darum gilt grundsätzlich, dass ein gutes Meditationskissen eine weiche, aber trotzdem stabile Unterstützung beim Sitzen bietet. Es hilft dabei, die Wirbelsäule aktiv aufzurichten und stabil zu trainieren. Nicht ohne Grund hat die Nutzung eines Meditationskissens im Yoga eine lange und untrennbare Tradition.

Insbesondere bei den klassischen Formen des Yoga wird vornehmlich im Sitzen, meistens sogar im Lotussitz trainiert. Allerdings ist besonders für Menschen aus westlichen Regionen der Welt das lange Sitzen mit eingefalteten Beinen ungewohnt schwierig und kann bei fehlender Übung durchaus unangenehm sein. An dieser Stelle hat sich der Einsatz eines Meditationskissens weitgehend bewährt, denn es erleichtert insbesondere dem Anfänger das aufrechte, ungestützte Sitzen mit gekreuzten und angewinkelten Beinen auf dem Boden erheblich.

Im Einzel- und Fachhandel bietet sich dem interessierten Einsteiger und Profi eine erstaunliche Auswahl an unterschiedlich großen und geformten Meditationskissen. Auch Materialwahl und Farbgestaltung sind denkbar flexibel, ebenso wie die Wahl des genutzten Füllmaterials. In erster Linie sollten deshalb persönliche Vorlieben und Anforderungen bei der Auswahl des idealen Meditationskissens ausschlaggebend sein.

Darüber hinaus ist es wichtig zu wissen, was genau mit dem Kissen in Zukunft geplant ist. Eine reine Sitzgelegenheit muss gewiss weniger Ansprüchen an Stabilität und Zuverlässigkeit gerecht werden, als ein vornehmlich als Sportgerät verwendetes Kissen.

Viele Nutzer von Meditationskissen orientieren sich aufgrund der enormen Auswahl meisten an Kriterien, die über die eigentlichen Produktdetails hinausgehen. Neben nachhaltig erzeugten Materialien gehören vielfach auch menschliche Arbeitsbedingungen und faire Handelsgrundsätze zur Grundlage persönlicher Kaufentscheidungen. In jedem Fall sollte das ideale Meditationskissen eine gekonnte Mischung aus bequem und praktisch darstellen. Die Entscheidung kann sich außerdem im Gespräch mit anderen Sportlern und Kursleitern ergeben, denn deren Erfahrungen mit den unterschiedlichen Produkten und Herstellern sind meistens eine ausgezeichnete Quelle zur Orientierung.

Professionelle Hilfsmittel

Was exotisch und kompliziert klingt, beschreibt eigentlich nur einen besonderen Teil des Yogatrainings. Einfach ausgedrückt liegt der Schwerpunkt bei diesen Übungen des Yoga auf der Behandlung der Faszien, also des Bindegewebes des Körpers. Durch die speziellen Übungen sollen Verspannungen gelockert und verklebte Faszien sanft und effektiv voneinander gelöst werden. Faszien-Yoga zeichnet sich durch besonders fließende Bewegungen, sanfte Dehnungen und lang gehaltene Körperpositionen aus. Im Vergleich zu eher dynamischen Yogastilen wirkt diese Übungsform besonders besonnen und konzentriert.

Das sogenannte Faszien-Yoga ist eine noch recht junge Entwicklung im Bereich des Yoga, die sich erst seit den 1990er Jahren durchsetzen konnte. Dabei konnten die positiven Effekte dieses besonderen Trainings für die Gesundheit und körperliche Konstitution auch anhand wissenschaftlicher Untersuchungen bestätigt werden. Das Faszien-Training durch Yoga ist vornehmlich positiv für Rücken und Gelenke, aber auch für das zentrale

Nervensystem und die Verdauungsorgane. Als Faszien werden übrigens die Kollagen-Fasern bezeichnet, von denen die Muskelpartien umhüllt sind und die aus Bändern und Sehnen bestehen. Flexible und elastische Faszien gelten im Yoga als das Ziel vieler Übungen.

Der Fachhandel bietet eigens zum Training der Faszien spezielle Faszienrollen und -bälle für das Yoga an. Wenig bewegte und ungedehnte Faszien neigen zum gegenseitigen Verkleben und als Folge gehen Körperspannung und die Geschmeidigkeit der Bewegungen verloren. Anhand verschiedener Übungen und durch den korrekten Einsatz von Faszienrollen im Yoga kann die Muskulatur gedehnt und besser mit Gewebeflüssigkeit versorgt werden. Im Ergebnis zeigen sich schlanke, gut bewegliche und flexible Faszien.

Entsprechend der geplanten Übungen und der individuellen Anforderungen bieten sich Faszienbälle in unterschiedlichen Formen und Ausführungen an. Zum Einsatz kommt meist ein robuster Kunststoff, wobei unterschiedliche Härtegrade zur Auswahl stehen. Grundsätzlich werden Faszienrollen für das Yoga in klein, als Standard und extra breit angeboten, wobei die Angaben von unter 30 Zentimetern bis mehr als 46 Zentimeter reichen können. Eine gute Faszienrolle besteht aus einem umweltfreundlichen und recyclingfähigen Material. Das Gerät sollte robust, jedoch ohne scharfe oder harte Kanten ausgeführt sein.

Ursprünglich waren diese Hilfsmittel für Dehnübungen und Massagen vorgesehen. Ein guter Faszienball oder eine ordentliche Faszienrolle für das Yoga lässt sich also über die geplanten Übungen hinaus noch vielseitig anders einsetzen. Bei Verspannungen, Muskelschmerzen und erschöpften Muskeln kann eine Faszienrolle darum effektiv zu einer Linderung und Besserung führen.

Yoga-Bolster

Handelsübliches Zubehör und alt bewährte Turnutensilien haben sich für den üblichen Bedarf beim Yoga vielfach bewährt. Dennoch kann es sinnvoll sein, in hochwertiges Zubehör zu investieren. Viele Sportler entscheiden sich für Yoga-Bolster aufgrund ihrer besonders professionellen Funktionen. Doch entscheidend ist vor allem die Auswahl des passenden Bolsters, der individuell ausgestattet sein sollte.

Weil ein Yoga-Bolster vor allem für Übungen des Rückens genutzt wird, dient der menschliche Körper als direkter Maßstab für die Dimensionierung des passenden Yoga-Bolsters. Aus diesem Grund liegen die Standardgrößen bei etwa 67 Zentimetern. Ab etwa 180 Zentimetern Körpergröße sollte schließlich eine Bolstergröße von 76 Zentimetern gewählt werden. Um alles richtig zu machen, sollte mit fremder Hilfe der Abstand zwischen dem unteren Rückenbereich und dem Scheitel gemessen werden. Idealerweise sollten Schultern und der Rückenbereich des Brustkorbs bequem und sicher auf dem Bolster liegen können. Der untere Rückenbereich zählt nicht dazu und muss demnach nicht mitgemessen werden.

Die meisten Bolster-Kissen weisen einen durchschnittlichen Durchmesser von 25 Zentimetern auf. Bei der Auswahl der Farbgestaltung und der Materialausführung bieten allerdings viele Anbieter zahlreiche Variationen und Auswahlmöglichkeiten. So sind neben runden Bolstern auch rechteckige oder ovale Formen möglich. Ausschlaggebend für die Form ist vor allem die geplante Nutzung. Ein guter Yoga-Bolster bietet Unterstützung für eine bessere Balance bei den Übungen und funktioniert als eine weiche, aber stabile Stütze. Doch auch bei einer längeren und intensiven Nutzung sollten weder Komfort noch Zuverlässigkeit nachlassen. Darum haben sich bei der Füllung Materialien wie Baumwolle, Buchweizenschalen, Kapok (hierbei handelt es sich um besondere Schafswolle) oder Dinkelspelz besonders effektiv gezeigt.

Es bietet sich außerdem an, beim Kauf des gewählten Yoga-Bolsters gleich an einen weiteren Bezug zum Wechseln zu denken. Der Bezug sollte ebenso robust und solide ausgeführt sein wie der Bolster selbst. Eine versteckte Reißverschlussleiste bietet Komfort beim Training und ermöglicht ein leichtes Austauschen des Bezugs. Schließlich sollte der Bezug einfach und gründlich zu reinigen sein, am besten mit Maschinenwäsche.

Manche Yogastile erfordern grundsätzlich den Einsatz unterstützender Hilfsmittel. Doch auch bei eher leichteren Übungen kann es sinnvoll sein, das Training mit einem Yoga-Bolster zu kombinieren. Ein Bolster eignet sich perfekt für Entspannungsübungen und erleichtert außerdem für Schwangere und Personen mit Gelenk- und Muskelbeschwerden ein sicheres und effektives Training. Nicht zuletzt eignet sich ein Yoga-Bolster daher auch perfekt als Meditationsunterlage und bequemes Kissen zum Ausruhen. Im Handel bieten sich verschiedene Informationen und Möglichkeiten zu einem Yoga-Bolster Test an, denn ein gutes Handhabungsgefühl ist bei Sportgeräten schließlich wichtig. Wer einen Yoga-Bolster Test im Internet macht, kann gleich mehrere Vorteile mit einer großen Auswahl, unterschiedlichen Anbietern und zahlreichen attraktiven Angeboten vereinen.

Sauberkeit und Hygiene

Hygiene und Sauberkeit beim Sport sind immer ein wichtiges Thema. Spätestens wenn Sportgeräte und Hilfsmittel vom vorherigen Benutzer in einem fragwürdigen Zustand hinterlassen wurden oder sich die Qualität der Produkte langsam auflöst, stellt sich die Frage nach der Reinigung und Pflege der eigenen Yogautensilien.

Tatsächlich sind insbesondere Yogamatten, die gemeinschaftlich genutzt werden, erschreckend unsauber und unhygienisch. Dagegen hilft meistens nur regelmäßiges Austauschen oder sehr gründliche und intensive Reinigung. Wer vornehmlich sein eigenes Zubehör nutzt, ist für die Hygiene und Sauberkeit selbst verantwortlich. Dafür weiß man auch immer ganz bestimmt, dass Yogamatte und Co. keine unerkannte Quelle für Keime und Schmutz darstellen.

Es empfiehlt sich daher, schon bei der Auswahl und beim Kauf des Zubehörs für das Yoga auf die Hinweise zur Pflege und Reinigung zu achten. Eine Mattenauflage sollte ebenso leicht zu waschen sein wie Sportkleidung und Textilien, also in der Waschmaschine. Zwar sind diese Produkte in der Regel nicht vollkommen verschmutzt, doch Schweiß und Staub bilden eine unangenehm lästige Kombination, die sich nicht nur in einem schlechten Geruch bemerkbar machen kann.

Außerdem kann ordentlich gepflegtes und gereinigtes Zubehör länger verwendet werden und behält länger die gewünschten Eigenschaften.

Je nach dem verwendeten Material bieten sich unterschiedliche Reinigungsmöglichkeiten an. Vor allem Yogamatten neigen früher oder später zu hartnäckigen Verschmutzungen. Meistens reicht dabei allerdings gelegentlich feuchtes Abwischen mit einem Tuch aus. Vorsicht ist dabei gefragt, wenn scharfe Reiniger eingesetzt werden, denn aggressives Reinigen kann das Material zusätzlich beanspruchen. Besonders intensiv reinigen spezielle Mattensprays, die außerdem auf das Material schützend wirken. Bei besonders groben Verschmutzungen kann es zudem notwendig sein, Matten oder dergleichen per Hand in der Badewanne abzuwaschen. In jedem Fall sollten die Hinweise zur Reinigung und Pflege durch den Hersteller beachtet werden. Es muss nicht immer der empfohlene, sündhaft teure Reinigungsspray sein. Doch die Hygiene und Sauberkeit der Trainingsutensilien werden beim Sport gerne vergessen, und das gilt auch bei Yoga.

Um Verschmutzungen bereits im Vorfeld zu reduzieren, sollten die Yogaprodukte stets mit sauberen Händen und Füßen benutzt werden. Ein Handtuch, das in der Nähe greifbar ist, ist ebenfalls hilfreich, um bei Bedarf Schweiß und Schmutz von der Haut wischen zu können noch bevor sie die Trainingsgeräte erreichen. Doch manchmal nutzt auch der beste Versuch nicht viel, und ein rettungslos verschmutztes oder verschlissenes Hilfsmittel zum Yoga muss schließlich gegen ein neues ausgetauscht werden.

Habe ich auch wirklich nichts vergessen? Vor allem Beginner und Einsteiger stellen sich vor den ersten Übungen und Kurseinheiten diese Frage. Eigentlich braucht es ja nicht viel, um effektiv und sicher Yoga zu praktizieren. Eine ordentliche Sportkleidung und die erforderliche Unterlage sind oft bereits vollkommen ausreichend. Oder fehlt vielleicht doch noch etwas?

Viele Sportler versorgen sich von Haus aus mit passenden Getränken und Snacks für den kleinen Hunger. Das spart nicht nur Geld im Vergleich zu den oftmals teuren Angeboten aus dem Sportstudio. Vielmehr bietet sich mit selbst gemachten Getränken und Nahrungsmitteln eine bessere Kontrolle über Zutaten und Inhalte. Diese sollten durchaus auch dabei sein auf dem Weg zum Yogatraining.

Sport ist meist untrennbar verbunden mit Schweiß. Gute Sportkleidung und vor allem gute Leibwäsche für den Sport kann dabei schon eine effektive und komfortable Abhilfe schaffen. Darüber hinaus sollte ein Handtuch in greifbarer Nähe sein. Manche Sportler nutzen auch selbst gemachte oder vorgefertigte Sprays zum Erfrischen und Vitalisieren der Haut, doch das beschränkt sich nicht nur aufs Yoga.

Auch wenn nicht direkt nach dem Yoga geduscht werden soll, führen viele Sportler zum Training insbesondere frische Leibwäsche mit sich. Wenn die erfrischende Dusche noch warten muss, sorgen zumindest saubere Unterwäsche und Socken für ein deutlich angenehmeres Kleidungsgefühl. Es empfiehlt sich grundsätzlich, zum Training eigene Sportkleidung zu verwenden und diese nach dem Training gegen Straßenkleidung zu wechseln.

Schließlich sollten Gelenkbandagen, Pflaster und Kühlspray für den Notfall nicht fehlen. Die meisten Yogastudios sind schon rechtlich dazu gezwungen, für Unfälle gerüstet und vorbereitet zu sein. Doch es schadet nicht, auch selbst für die eigene Sicherheit Sorge zu tragen.

Alle wohlwollenden Tipps und gut gemeinten Ratschläge können den Praxistest jedoch nicht immer bestehen. Hier heißt es also, flexibel und kreativ zu sein, damit künftig kein wichtiges Zubehör für das Yogatraining fehlt.

Lotus Design und Yogakissenchakra

Auch wenn die hohe Kunst des Yoga wohl unerreicht bleibt, nutzen viele Sportler und gelegentlich Sporttreibende das vielseitige Zubehör, um sich auch ohne die beeindruckenden Lektionen des Yoga zu entspannen und zu besinnen. Da kann es sich durchaus lohnen, ein Yogakissen kaufen zu wollen, das durch seine Flexibilität überzeugen kann. Wie wäre es also einmal mit klassischer Meditation? Oder Zafu? Dabei handelt es sich um die klassische japanische Kunst der Meditation im Sitzen. Doch es muss nicht gleich eigens ein passendes Zafukissen gekauft werden, denn mit einem vielseitigen Yogakissen funktionieren die Übungen genauso gut.

Thai Sitzkissen zum Beispiel zeichnen sich aus durch ihre rechteckige Ausführung und ihr dezent farbenfrohes Lotus Design. Dabei funktionieren diese Sitzkissen nicht nur als eine Art kleiner Futon, sie lassen sich oftmals auch zu bequemen Sitzgelegenheiten zusammenfalten. Ganz gleich also, ob Burmesischer Sitz, Yogakissen und Chakra, Zafukissen oder Thai Sitzkissen – alle diese

Textilien besitzen ihre ganz eigenen, typischen Merkmale und individuellen Vorteile. Doch insbesondere beim Anfang einer neuen Sportart stellt sich die Frage, ob es sinnvoll ist, sofort Yoga Sets günstig zu kaufen oder lieber gleich ein individuelles Zafukissen oder Thaikissen zu wählen.

Um ein Yogakissen günstig kaufen zu können, bedarf es meistens keiner besonderen Vorkenntnisse oder keines Fachwissen. Im Internet helfen unabhängige Kundenmeinungen und -rückmeldungen dabei zu ergründen, ob ein bestimmtes Yogakissen allen gewünschten Anforderungen entsprechen wird oder eher nicht. Für viele einsteigende Fragen bietet das Calming Breath Yogakissen übrigens die passende Lösung.

Es überzeugt durch seine guten Produkteigenschaften und eine durchwegs positive Resonanz in der Kundenmeinung. Zafu Kissen und Thai Sitzkissen haben auch ihre Vorteile, doch gute Produkte sind nicht immer günstig, weshalb es gerade beim Einstieg ins Yoga, in die Meditation und mehr absolut sinnvoll sein kann, zuerst einmal nur ein Yogakissen günstig zu kaufen.